Ulrich Janßen · Klaus Werner

Die Kinder-Uni

Hat der Weltraum eine Tür

Ulrich Janßen · Klaus Werner

Die Kinder-Uni

Hat der Weltraum eine Tür

Illustrationen von Klaus Ensikat

impian

Ulrich Janßen,

geboren 1959, ist Redakteur beim Schwäbischen Tagblatt in Tübingen. Gemeinsam mit Ulla Steuernagel gründete er im Jahr 2002 die erste deutsche Kinder-Uni. Ihre drei vielfach ausgezeichneten Kinder-Uni-Bücher wurden Bestseller und in 15 Sprachen übersetzt.

Prof. Dr. Klaus Werner,

geboren 1957, ist Direktor des Instituts für Astronomie und Astrophysik der Universität Tübingen. Er erforscht unter anderem, wie sich Sterne im Lauf der Zeit ändern und wie sie schließlich vergehen. Im Jahr 2003 erhielt er den Lehrpreis der Tübinger Kinder-Uni.

Klaus Ensikat,

geboren 1937, gilt als »ungekrönter König der Buchillustratoren«. Von 1995 bis 2002 unterrichtete er an der Fachhochschule für Gestaltung in Hamburg.

Inhalt

Einleitung

Die Anregung für dieses Buch verdanken wir einem elfjährigen Mädchen. Es saß bei einer Kinder-Uni-Vorlesung in der vorletzten Reihe und verfolgte aufmerksam, was der Professor über die Schwerkraft und die Sterne zu sagen hatte. Am Ende der Vorlesung fragte das Mädchen: »Was kommt, wenn der Weltraum zu Ende ist?«

Die Frage ist so einfach und selbstverständlich wie eine Frage nur sein kann. Wohl jeder hat sie sich schon gestellt. Aber wie kann man sie so beantworten, dass auch ein elfjähriges Mädchen es versteht? Damals mussten wir das Mädchen enttäuschen. Das ist für Kinder zu schwer, dachten wir.

Doch die Frage ließ uns nicht los. Wir überlegten, ob es nicht doch möglich wäre, die Geheimnisse des Weltraums so zu erklären, dass Kinder etwas damit anfangen können. Wir hatten das Gefühl, dies dem kleinen Mädchen in der vorletzten Reihe schuldig zu sein. So beschlossen wir, dieses Buch zu schreiben.

Die Menschen haben über das Universum nachgedacht, seitdem es sie gibt. Die Antworten wechselten, die Fragen blieben die gleichen. Auch wir können in diesem Buch, trotz der enormen Fortschritte der Astronomie, die großen Fragen der Menschheit nicht ein für alle Mal beantworten. Das war auch gar nicht unser Ziel. Uns war es wichtig, Kindern (und interessierten Erwachsenen) Stoff zu geben, Stoff zum Weiterdenken, Stoff für die Fantasie, den Forschergeist. Der Weltraum ist der Ursprung aller wissenschaftlichen Neugier. Er sprengt alle unsere Vorstellungen und bringt unseren Verstand an seine Grenzen. Das wird auch so bleiben.

Der Weltraum ist aber auch die abenteuerlichste Gegend, die es gibt. Nirgendwo kann man sich so herrlich verlaufen, nirgendwo so viele seltsame und lustige Dinge entdecken. Und das Beste daran ist: Der Weltraum hat immer geöffnet. Jeden Tag. Und jede Nacht. Höchste Zeit also für einen Besuch. Treten wir ein!

Ulrich Janßen
Klaus Werner

Warum ist der Weltraum so unvorstellbar groß?

Als Kind ist man im Nu im Weltraum. Man muss nur in seiner Fantasie ein Raumschiff besteigen, den Warp-Antrieb anwerfen, und los geht's quer durch die Galaxien und Sonnensysteme. Unterwegs warten zwar ein paar feindliche Raumflotten, Magnetstürme und Asteroidenfelder, aber die sind kein Problem, wenn der hyperschnelle Raumkreuzer mit Phaserwaffen und effektiven Schutzschirmen ausgestattet ist. Doch was wäre, wenn unterwegs gar nichts wartet, wenn der Weltraum einfach nur leer ist? Unvorstellbar groß und leer?

Mit Groß und Klein kennen sich Kinder normalerweise bestens aus. Wie oft bekommen sie zu hören: »Du bist zu klein!« Zu klein für die späten Filme im Fernsehen. Zu klein für die Disco. Zu klein für ein großes Taschengeld. Ziemlich häufig merken Kinder sogar am eigenen Leib, dass sie zu klein sind. Zum Beispiel, wenn sie auf einen superinteressant aussehenden Baum klettern wollen und an die unteren Äste einfach nicht herankommen. Der Baum sagt ihnen: Deine Welt ist zu klein. Schuhgröße 33, Körperlänge: 1,30 Meter. Solche Werte lassen sich nicht einfach verändern, auch wenn die Welt der Großen noch so verlockend ist.

Mit dem Weltraum haben Kinder komischerweise keine Probleme, obwohl er das absolut Größte ist,

was es gibt. Wenn die Rebellen in Star Wars mit einem Incom T-65 Raumüberlegenheitsjäger von einer Galaxie zur anderen fliegen, verstehen Kinder sofort, wie das geht. Selbst Neunjährige können den gesamten Weltraum durchfliegen und auf den entferntesten Planeten landen, wenn sie es in ihrer Fantasie tun. Wegen der vielen Filme und Bücher, die in der Zukunft spielen (Sciencefiction wird das genannt) ist es für Kinder ganz selbstverständlich geworden, im Weltraum herumzureisen. Meistens kennen sie sich viel besser aus als die Erwachsenen, wissen genau Bescheid über Raumschiffe, Galaxien, Sonnen und Planeten und über die Gefahren beim Durchfliegen von Asteroidengürteln.

Ein »Wow« aus dem Weltraum

Sind also Kinder die perfekten Weltraumversteher? Haben sie all das begriffen, was den Erwachsenen so viel Kopfzerbrechen bereitet? Dass sich der Raum »krümmen« kann? Dass sich die Zeit »dehnt«? Und dass der Weltraum so unfassbar groß ist und nirgendwo endet?

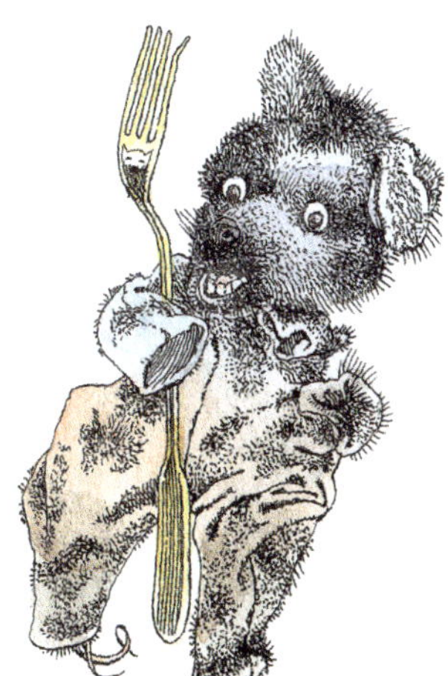

Die Antwort ist: Jein. In einer so fantastischen Gegend wie dem Weltraum kommt man ohne Fantasie nicht besonders weit. Weil Kinder viel Fantasie haben, haben sie vor dem Weltraum nicht besonders viel Respekt. In mächtigen Raumschiffen reisen sie wie Seefahrer durch die Galaxien, immer auf der Suche nach Abenteuern, und entdecken dabei die verrücktesten Dinge. Sie lassen Handels- und Kriegsflotten kreuzen, schicken tapfere Raumschiff-Kommandanten auf die Jagd nach gefährlichen Piraten und kapern feindliche Raumschiffe. Unter-

wegs treffen sie auf die absonderlichsten Gestalten. Winzig kleine grüne Männchen mit knubbeligen Hörrohren. Schleimige Monster, denen klebriger Saft aus komischen Öffnungen läuft. Oder wuschelige hundeähnliche Bewohner des Planeten Melmac, die am liebsten Katzen essen und zehn Stunden Fernsehen gucken können ohne aufs Klo zu müssen.

Für Kinder (aber auch für viele Erwachsene) ist der Weltraum ein prima Spielplatz. Hier gibt es keine asphaltierten Schulhöfe und muffelnden Turnhallen, keine frisch geharkten Blumenbeete und zerbrechlichen Vasen. Ganze Todessterne können im Wohnzimmer explodieren, ohne Schaden anzurichten.

Allerdings weckt der Weltraum nicht nur Abenteuerlust. Wer nachts in den Himmel schaut, kommt auf seltsame Gedanken. Der langweilige Alltag mit Klassenarbeiten, Taschengeldkürzungen oder Fernsehverboten verschwindet auf geheimnisvolle Weise und ein eigenartiges Gefühl stellt sich ein. Man könnte es das große Staunen nennen. Oder das Wow-Gefühl. Oder vielleicht auch einfach Fernweh. Jedenfalls führt es dazu, dass sich Kinder ganz neue Fragen stellen: Was ist das da draußen eigentlich? Woher kommt das alles? Und vor allen Dingen: Gibt es irgendwo, auf irgendeinem Planeten möglicherweise Wesen, die genau jetzt in dieser Sekunde in einen Sternenhimmel schauen und »Wow« sagen (in ihrer Sprache, versteht sich)?

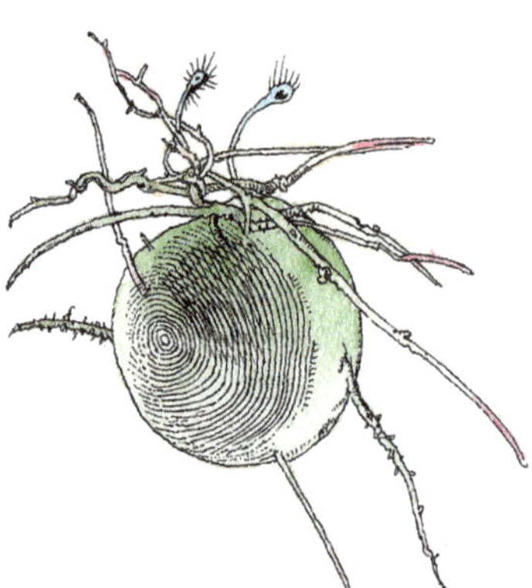

Plötzlich wird der Weltraum auch für Kinder ein rätselhafter Ort. Ein Ort, der nicht so leicht zu verstehen ist. Ein Ort voller großer Geheimnisse und großer Fragen. Ein Ort, der selbst mit einem Incom

T-65 Raumüberlegenheitsjäger nicht so einfach in den Griff zu bekommen ist.

Der Weltraum ist so etwas wie ein Gedankenvergrößerer. Wer sich hauptsächlich für kleine unwichtige Details interessiert wie etwa gute Noten in Erdkunde-Klassenarbeiten oder Klingeltöne fürs Handy, sollte sich besser nicht mit dem Weltraum beschäftigen. Wer über den Weltraum nachdenkt, braucht Platz im Kopf. Viel Platz.

Im Sportwagen zur Sonne?

Denn der Weltraum ist groß. Er ist nicht einfach groß, so wie ein Fußballstadion groß ist oder eine Kathedrale. Der Weltraum ist auf eine ganz andere Weise groß. Er ist größer als alles, was wir kennen, inklusive des Meeres. Das Wenige, was wir bisher über das Universum erfahren haben, ist so unglaublich, dass es unser Vorstellungsvermögen sprengt. Tote Sonnen, die so gigantisch schwer sind, dass sie den Raum um sich herum krümmen. Explosionen, bei denen ganze Sonnensysteme zertrümmert werden. Und Materie, die in unserer Physik gar nicht vorkommt, die man weder sehen noch anfassen kann. Alles das haben Wissenschaftler im Weltraum gefunden, oder sie haben ausgerechnet, dass es so etwas geben muss. Die größte Sensation aber, die der Weltraum zu bieten hat, ist der Raum selbst und seine Größe. Der Weltraum ist absolut unfassbar megahypergroß.

Schon unser eigenes Sonnensystem ist viel größer, als wir es uns träumen lassen, wenn wir es mit den Entfernungen auf der Erde vergleichen. Die größte Entfernung, die unsere Erde zu bieten hat, ist in

DER WELTRAUM ALS OZEAN

Im Universum der Filmregisseure wimmelt es nur so von Raumschiffkapitänen, Handelskreuzern und Sternenflotten – als wäre der Weltraum ein vergrößerter Ozean. Tatsächlich wirken das Meer und der Weltraum auf uns ganz ähnlich in ihrer Unendlichkeit, Größe und Leere. Und es ist sicher kein Zufall, dass sich viele Sciencefiction-Schriftsteller und Regisseure vom Meer inspirieren ließen. Jules Verne, einer der frühesten Sciencefiction-Autoren, wurde sogar in einer Hafenstadt geboren, im französischen Lille.

unserem Sonnensystem nur so viel wie ein besseres Zehenwackeln. Eine kleine unbedeutende Strecke. Schon der Abstand der Erde zum Mond, unserem engsten Begleiter im All, beträgt 400 000 Kilometer. Dafür könnte man fünfundzwanzigmal nach Sydney fliegen. Bis zur Sonne, dem Mittelpunkt unseres Sternensystems, sind es 150 Millionen Kilometer. Wollten wir diese Strecke mit einem BMW zurücklegen, wären wir 85 Jahre unterwegs. Und bis zu den fernsten Planeten unseres Sonnensystems bräuchten wir im BMW sagenhafte 3500 Jahre und dürften dabei nicht eine einzige Pause einlegen. Selbst mit den besten Gameboys der Welt im Gepäck könnte diese Fahrt etwas langweilig werden.

Immerhin kann man unser Sonnensystem mit Sonden gerade noch durchqueren. So erreichte die 1977 gestartete amerikanische Sonde Voyager 1 als erste, von Menschen gebaute Maschine im Jahr 2005 die Grenzregionen. Für Sonntagsausflüge allerdings ist das Sonnensystem ungeeignet. Alle Kinder sollten ihre Eltern dringend vor Ausflügen zum Mars oder Saturn warnen: Das Raumschiff kommt auf keinen Fall pünktlich zum Abendessen zurück.

Trotzdem ist dieser riesige Raum mit all seinen Planeten, Monden und Kometen nur ein kleiner, ein winzig kleiner Punkt in einem gigantischen anderen Himmelsgebilde, der Sternenversammlung der Milchstraße. Verglichen mit diesem kosmischen Gebilde ist unsere Erde nicht annähernd so groß, wie ein Popel in der Nase einer Bakterie wäre, die am Po eines Elefanten sitzt, der durch Afrika trabt. Unsere Sonne, der Stern, der uns den ganzen Tag über zuverlässig mit Licht und Wärme versorgt, ist nur einer von endlos vielen anderen Sternen in dieser Sternenversammlung.

SONNEN UND STERNE

Unter den vielen Sternen am Himmel können wir einen einzigen auch am Tag sehen: Das ist der Stern, den wir aus alter Gewohnheit »Sonne« nennen. Die Sonne ist der Mittelpunkt in unserem Sonnensystem, das Zentrum, um das die Planeten herumkreisen. Auch wenn der Name »Sonne« eigentlich für unseren Stern reserviert ist, werden oft auch die anderen Sterne als Sonnen bezeichnet. Oder es wird unsere Sonne ein Stern genannt.

Kann es sein, dass unser Kopf geschrumpft ist? Die Milchstraße lässt sich jedenfalls nicht mehr so einfach darin unterbringen. Wir bekommen es allmählich mit dem echten Weltraum zu tun und müssen uns von dem aufregenden Seefahrer-Universum mit Raumschiffen und Sternenflotten fürs Erste verabschieden. Auf ins echte Universum, heißt jetzt die Devise!

Wenn der Rasen wackelt

Stellen wir uns vor, wir liegen in einer sternenklaren Nacht auf dem Rasen und schauen in den Himmel. Wir sehen Lichtpunkte, helle und weniger helle, wir sehen dunkle Gegenden und Gegenden, in denen es vor Sternen nur so wimmelt. Wir sehen vielleicht sogar ein paar Sternbilder. Der große Bär, der Stier, die Zwillinge und der Löwe sind Bilder, die man auf der Nordhalbkugel gut sehen kann.

Wir liegen auf unserem Rasen und fühlen uns sicher, weil die Erde, die wir im Rücken spüren, so wunderbar solide wirkt, so verlässlich und massiv, so groß und unerschütterlich. Wenn wir da so liegen, mit der Erde im Rücken, fällt es uns nicht schwer, die Menschen des Mittelalters zu verstehen. Sie

STERNBILDER

sind Figuren, die sich die Menschen ausgedacht haben, um die Sterne am Himmel auseinander halten zu können. Die Sterne selbst haben keine Ahnung, dass sie zu einem Sternbild gehören. Sie sind mit den Sternen ihres Sternbilds nicht mehr verbunden als mit anderen Sternen der Galaxie.

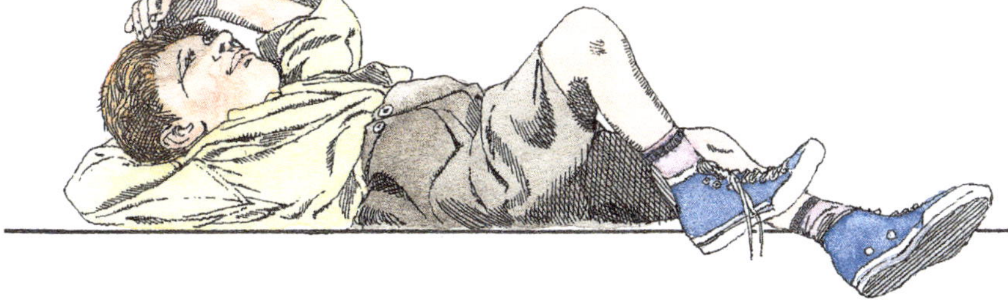

DIE MITTE DES UNIVERSUMS

Im Mittelalter glaubten die Menschen, dass Rom die Mitte des Universums bildet. Heute ist die Lage viel komplizierter. Die Astronomen glauben nämlich, dass der Weltraum, genau wie die Oberfläche einer Kugel, gar keinen Mittelpunkt hat. Die Mitte ist überall. Im Prinzip könnte man deshalb auch heute behaupten, Rom sei der Mittelpunkt des Universums. Und niemand könnte widersprechen. Allerdings könnte man mit dem gleichen Recht sagen: Mekka ist der Mittelpunkt des Universums. Oder Paris. Oder Delmenhorst. Oder der Mars.

dachten, dass sich der Himmel über der Erde wölbt wie ein rundes Zelt und dass die Erdscheibe der feste Grund ist, auf dem sich das ganze Himmelsgewölbe erhebt. Der Grund, unter dem nichts mehr kommt, außer vielleicht der Hölle. Genau in der Mitte der Erdscheibe befand sich, jedenfalls für die damaligen Christen, eine Stadt: Rom. Hier herrschte der Papst, der Stellvertreter Gottes, hier musste also auch die Mitte des Universums sein.

Heute glaubt nicht einmal der Papst, dass die Stadt Rom den Mittelpunkt des Universums bildet und vom gesamten Weltraum umkreist wird. Doch wo befindet sich der Mittelpunkt jetzt? Können wir ihn von der Erde aus sehen? Vielleicht sogar von dem kleinen Rasen, auf dem wir liegen? Könnte es sein, dass er sich irgendwo am Himmel befindet, vielleicht fünf Zentimeter neben dem Polarstern da hinten, tief im Dunkel? Oder gibt es den Mittelpunkt möglicherweise gar nicht?

Die Wahrheit über die Milchstraße

Heute sind es die Naturwissenschaftler, die unser Bild vom Weltraum prägen. Sie haben mit modernen Teleskopen und mathematischen Methoden so viel herausgefunden, dass wir in unserem Kopf ständig Platz schaffen müssen, damit alle Erkenntnisse auch reinpassen. Unser Bild vom Weltraum ist längst nicht mehr so übersichtlich wie im Mittelalter, und vor allen Dingen ändert es sich auch noch ständig. Trotzdem gibt es auch heute noch ein paar Erkenntnisse, an die wir uns halten können. Sie helfen uns dabei, den großen Weltraum im kleinen Kopf unterzubringen.

Sicher wissen wir zum Beispiel, dass der kleine Rasen, über dem die Sterne so freundlich funkeln, nicht so unerschütterlich ist, wie er aussieht. Zwar wirkt das grüne Plätzchen auf den ersten Blick ganz solide, doch das täuscht. Der Rasen ist bloß ein winziges Stück Oberfläche auf einer Kugel, von der wir nur dank der Schwerkraft nicht herunterfallen. Könnten wir uns von ferne, aus dem Weltraum, sehen, wären wir ein winziger Punkt auf einem großen Ball von gerade mal 40 000 Kilometern Umfang. Wie ein altes Raumschiff bewegt sich dieser Ball, unsere Erde, durch ein Sonnensystem am Rande einer Galaxie namens Milchstraße.

Für Beobachter im Weltraum schrumpft die Erde schnell zusammen. Auf dem Mond sieht sie nur noch so groß aus wie ein Heißluftballon. Und für alle Mars-Besucher wäre sie nicht mehr als ein Punkt unter vielen im All. Wir wissen heute, dass die Erde zu einer Galaxie gehört, der Milchstraße. 200 Milliarden Sterne zählt diese Galaxie, von denen unser Nachthimmel, wenn man ihn ohne Teleskop betrachtet, nur einen kleinen Teil zeigt, insgesamt nicht mehr als 6000 Sterne. Unser Sonnensystem treibt in einem Arm dieser Galaxie gemächlich durch den Weltraum. Fast 250 Millionen Jahre dauert es, bis sich die Milchstraße einmal um sich selbst gedreht hat und die Erde wieder am gleichen Platz in der Galaxie angekommen ist.

Milchstraße, das klingt gemütlich, nach Schokoriegel und Müsli. Ganz so gemütlich ist die Milchstraße aber nicht. Es ist eine weitläufige Ansammlung von heißen, glühenden Materieklumpen, von Sternen. Wir haben schon gelesen, dass sich eine ganze Menge Sonnen zur Milchstraße vereinigt

ALPHA CENTAURI

Der Stern, der uns am nächsten ist, heißt »Proxima Centauri« und gehört eigentlich zu einem Trio: Alpha Centauri ist ein System von drei Sonnen, die sich gegenseitig umkreisen.

haben, nämlich 200 Milliarden. Trotzdem heißt das nicht, dass die Milchstraße mit lauter Sternen vollgestopft wäre. Ganz im Gegenteil. Könnte man durch die Galaxie geradeaus hindurchfliegen, würde man staunen, wie leer sie ist. Man fliegt und fliegt und nichts kommt, kein Stern, kein Planet, kein Komet kreuzt den Weg. Die unzähligen Sterne der Milchstraße bleiben für einen Raumschiffpiloten winzig kleine Lichtpunkte in weiter Ferne.

In dieser Milchstraße ist unsere Sonne nur einer von unzähligen anderen Sternen. Ein stinknormaler, nicht besonders großer Stern mit ein paar Planeten im Gepäck. Nicht gerade ein Grund, stolz zu sein. Vor allem, wenn wir überlegen, dass wir mit dieser stinknormalen Sonne auch noch am Rand der Milchstraße unsere Kreise drehen. Also in einer Art Vorort wohnen.

Immerhin hat die Wohnlage einen Vorteil: Von unserem galaktischen Vorort aus können wir die dazugehörige Stadt sehen. Sie umgibt uns mit all ihren Sternen wie ein Rettungsring. In klaren Nächten sehen wir diesen Ring, die Milchstraße, wie ein Band, das sich quer über unseren Himmel zieht.

Wie es in der Mitte der Milchstraße aussieht, weiß niemand so genau. Das Zentrum ist von dichten Gaswolken verhüllt, die auch von den besten Teleskopen der Welt nicht durchdrungen werden können. Allerdings haben die Astronomen Infrarot-, Radio- und Röntgensignale aus dem Herzen unserer Galaxie empfangen, und sie sind deshalb sicher, dass sich dort ein riesiges gefräßiges Monster befindet, eines jener sagenhaften Schwarzen Löcher, die um sich selbst rotieren und wie ein gigantischer Strudel alle Materie in ihrer Umgebung ansaugen, um sie nie wieder herauszurücken. Wer mit einem

WARUM IST DIE MILCHSTRASSE MILCHIG?

In dunklen, wolkenlosen Nächten zieht sich die Milchstraße wie ein Schleier über unseren Himmel, in dem nur einzelne Sterne funkeln. Das liegt daran, dass unsere Augen das Licht von zweihundert Milliarden einzelnen Sternen nicht unterscheiden können – ganz ähnlich wie beim Fernsehgucken. Statt zwei Millionen einzelner Punkte (oder Pixel) erkennt das menschliche Auge auch im Fernsehen nur zusammenhängende Flächen. Einzelne Punkte sehen wir erst, wenn wir sehr nahe an den Bildschirm herangehen.

DAS SCHWERSTE LOCH DER GALAXIE

Vermutet haben sie es schon lange, doch sicher sind die Astronomen erst seit ein paar Jahren: In der Mitte der Milchstraße befindet sich ein gigantisches rotierendes Schwarzes Loch. Es hat die Masse von 2,6 Millionen Sonnen. Nach neueren Forschungen könnte es im Milchstraßenzentrum sogar noch ein weiteres kleineres Loch geben.

Raumschiff einem Schwarzen Loch zu nahe kommt, ist für alle Zeiten verloren. Nicht einmal ein Funksignal könnte er noch schicken. Es würde von dem Monster geschluckt.

Die Wissenschaftler glauben, dass solche gigantisch schweren Materieklumpen in den meisten Galaxien stecken. Zum Glück ist das Milchstraßenmonster für uns nicht sehr gefährlich. Es ist so weit weg, dass es die Erde mit seiner Schwerkraft nicht aus der Bahn bringen kann. Ab und zu allerdings registrieren die Astronomen mit ihren Röntgenteleskopen einen plötzlichen Energieblitz in der Nähe des Schwarzen Lochs. Das ist ein Zeichen dafür, dass sich das Monster mal wieder einen kleinen verirrten Stern genehmigt hat.

100 000 Lichtjahre ist die Milchstraße groß. Für uns ist das eine Entfernung, die wir beim besten Willen nicht begreifen können, denn wir kennen nur Meter und Kilometer. Weltraumforscher können mit unseren Maßeinheiten nichts anfangen. Sie müssen in anderen Dimensionen denken und sich von »Metern« oder »Kilometern« verabschieden. Entfernungen im Weltraum werden nicht in Kilometern angegeben. Würde man das tun, bestünden Weltraumbücher hauptsächlich aus Nullen. Endlosen, langweiligen Ketten von Nullen. Die Astronomen haben sich deshalb ein paar andere Längenmaße zugelegt. Das Lichtjahr ist eines davon.

PARSEC UND MEGAPARSEC

Ihre wichtigste Maßeinheit, das Parsec, errechnen die Astronomen auf ziemlich komplizierte Weise. Sie nehmen den Abstand der Erde von der Sonne als Basis und denken sich darüber ein sehr spitzes Dreieck (mit einem oberen Winkel von 1/3600 Grad). Das Parsec gibt dann die Entfernung von der Spitze des Dreiecks bis zur Mitte der Basis an. Ein Megaparsec, also eine Million Parsec, entspricht ziemlich genau der durchschnittlichen Entfernung der Galaxien voneinander.

Das Lichtjahr gibt den Weg an, den das Licht in einem Jahr zurücklegt: 9 500 000 000 000 Kilometer sind das, in Worten: 9,5 Billionen Kilometer. Die wichtigste Längeneinheit in der Astronomie aber ist nicht das Lichtjahr, sondern das Parsec. Ein Parsec ist der Weg, den das Licht in 3,3 Jahren zurücklegt. Eine ordentliche Strecke, aber für den Weltraum immer noch nicht lang genug. Deshalb haben die Astronomen zusätzlich zu ihrem Parsec noch das Kiloparsec eingeführt und dazu das Megaparsec. Ein Megaparsec sind eine Million Parsec oder 3,3 Millionen Lichtjahre. Oder 30,8 Zettameter. Oder 30 800 000 000 000 000 000 Kilometer. Das Megaparsec ist bei den Astronomen mega angesagt. Nur mit dieser unvorstellbar großen Einheit lässt sich der Weltraum erfassen.

Die kleinen Wolken des Al-Sufi

GROSSE ZWERGE

Die Große und die Kleine Magellansche Wolke wurden nach dem portugiesischen Seefahrer Fernando Magellan benannt, obwohl eigentlich der persische Astronom Al-Sufi sie als Erster beschrieb. Magellan entdeckte die beiden Galaxien auf seiner Weltumsegelung im Jahr 1519. Für die heutigen Astronomen sind die beiden Wolken nichts Besonderes. Sie nennen sie »Zwerggalaxien«, weil sie »nur« aus ein paar Milliarden Sonnen bestehen.

Dass der Weltraum sehr viel größer ist als die Milchstraße, wissen die Wissenschaftler erst seit ein paar hundert Jahren. Den Hauptgrund dafür kennen wir schon. Alle Himmelskörper, die mit bloßem Auge erkennbar sind, gehören zu unserer eigenen Galaxie. Ohne Fernrohr können wir aus unserer Milchstraße nicht hinausschauen, vom Rest des Weltraums sehen wir nichts. Das heißt: fast nichts. Es gibt nämlich drei Ausnahmen, die alle im 10. Jahrhundert nach Christus von dem persischen Astronomen Al-Sufi entdeckt wurden. Die erste Ausnahme ist ein verschwommener Punkt im Sternbild Andromeda, eine Art kleine Wolke. Und die anderen beiden Ausnahmen sind ebenfalls verschwommene Punkte, die man allerdings nur auf der Südhalbkugel sehen kann: die Große und die Kleine Magellansche Wolke. Al-Sufi hat diese drei Punkte in zwei Büchern genau beschrieben, doch ahnte er nicht, was er wirklich entdeckt hatte: die ersten Galaxien jenseits der Milchstraße.

Im Jahr 1608 erhielten die Astronomen das schönste Geschenk, das sie sich vorstellen konnten. Der niederländische Brillenmacher Hans Lipperhey baute das erste Fernrohr der Welt und veränderte damit das gesamte Wissen vom Weltraum. Mit Hilfe eines Nachbaus dieses Fernrohrs konnte nur wenige Jahre später Galileo Galilei beweisen, dass die Erde um die Sonne kreist und nicht umgekehrt. Ständig wurden nun am Himmel neue aufregende Entdeckungen gemacht. Einer, der besonders viel entdeckte, war der Franzose Charles Messier. Dieser Astronom suchte systematisch den ganzen Himmel ab und fand dabei einhundertdrei verschwommene Punkte. Er notierte säuberlich ihre Position, doch wusste er noch nicht, was sie bedeuteten. Erst der deutsche Sternenforscher Friedrich Wilhelm Herschel erkannte Ende des 18. Jahrhunderts, dass etliche der kleineren wolkigen Punkte genau wie die Milchstraße aus vielen Sternen bestanden, die nur sehr viel weiter von der Erde entfernt waren.

Allmählich dämmerte es den Astronomen, dass die unvorstellbar große Milchstraße nur ein Gebilde war in einem noch viel größeren Raum mit vielen anderen ähnlichen Gebilden. Der Beweis dafür ge-

lang dem amerikanischen Astronomen Edwin Hubble. Er zeigte im Jahr 1923, dass die kleine Wolke im Sternbild Andromeda, die Al-Sufi entdeckt hatte, tatsächlich eine eigene, ferne Galaxie bildete. Heute wissen wir, dass der Andromeda-Nebel zwar jenseits der Milchstraße liegt, dass er aber trotzdem die nächste größere Galaxie im weiten Umkreis ist. Gemeinsam mit ein paar anderen Galaxien werden der Andromeda-Nebel und die Milchstraße als »lokale Gruppe« bezeichnet.

»Lokale Gruppe«, das klingt, als würden sich ein paar Nachbardörfer zusammentun, um gemeinsam den Busverkehr zu organisieren oder ein Fest zu feiern. Tatsächlich sind die Galaxien der »lokalen Gruppe« mehr als fünf Millionen Lichtjahre voneinander entfernt, und ihre halbe Billion Sonnen verteilen sich auf ein gigantisch großes Gebiet des Weltraums. An gemütliches Dorfleben ist also nicht zu denken. Trotzdem ist selbst dieses gigantisch große Gebiet im gesamten heute bekannten Universum nicht viel mehr als eine kleine Ecke.

EIN RIESENZUSAMMENSTOSS

Weil sich die Galaxien im Weltraum bewegen, können sie auch zusammenstoßen. Astronomen haben festgestellt, dass der Andromeda-Nebel sich in Richtung Milchstraße bewegt und es eines Tages zu einem gigantischen Zusammenstoß kommen könnte. Zum Glück wird es bis dahin noch fünf Milliarden Jahre dauern.

Dieses Universum hat eine solch fantastische Größe, dass es einen fröstelt. In dem Bereich des Weltalls, den wir mit den modernsten heutigen Teleskopen beobachten können, verteilen sich gut fünfhundert Milliarden Galaxien, von denen jede im Schnitt aus über hundert Milliarden Sonnen bestehen. Fünfhundert Milliarden Galaxien von der Größe der Milchstraße! Dafür gibt es nur ein Wort: irre. Und diese unendlich vielen Galaxien sind auch nicht etwa durch eine Art kosmischen Jägerzaun voneinander getrennt, über den man sich ab und zu mal zuwinken kann, sondern sie schweben einsam durch einen unvorstellbar großen Raum. Die meisten Galaxien sind umgeben von endloser Leere, einem fast vollkommenen Vakuum, dem weiten, dunklen, kalten Weltall. So leer ist das All, dass es, selbst wenn man alle Materie, alle Sonnen und Planeten des Universums, zu Staub zermahlen und darin gleichmäßig verteilen würde, noch viele tausendmal leerer wäre als der leerste Raum, der jemals auf Erden hergestellt wurde.

Warum ist der Weltraum so leer und so groß? Das ist eine Frage, die sich viele Menschen stellen. Vor allem, wenn sie daran denken, dass möglicherweise in dem ganzen riesigen Weltall nur auf einem einzigen Planeten jemand lebt, nämlich auf der kleinen Erde am Rande der Galaxie Milchstraße. Wozu sind all die anderen unzähligen Sterne da?

VAKUUM

Selbst mit den besten Pumpen können die Techniker einen Behälter nicht komplett leer von Atomen saugen. So bleiben in einem irdischen Ultravakuum noch etwa 30 000 Atome pro Kubikzentimeter übrig. Im Weltraum kommt dagegen im Durchschnitt ein Atom auf einen Kubikzentimeter. Zum Vergleich: Unsere ganz normale Atemluft enthält 30 000 000 000 000 000 000 Atome pro Kubikzentimeter.

Vorsicht! Hier endet der Weltraum!

Würde es für uns Erdlinge nicht völlig ausreichen, wenn am Ende unseres Sonnensystems Schluss wäre? Voyager 1 könnte dann ein Schild anbringen: »Vorsicht! Hier endet der Weltraum.« Und man könnte in aller Ruhe die Planeten unseres Sonnensystems erforschen und spannende Flüge zum Mars organisieren. Im Physikunterricht würde es trotzdem nicht langweilig. Man könnte ja zum Beispiel lernen, wie man den Kopierschutz von Filmen knackt oder einen Motorroller schneller macht. Sicher ist jedenfalls, dass den Lehrern auch ohne das ganze Universum noch genug Fragen für Klassenarbeiten einfielen.

Wenn wir uns allerdings vorstellen, wie es an der Grenze unseres Sonnensystems aussehen würde, wenn dort der Weltraum zu Ende wäre, bekommen wir Schwierigkeiten. Beginnt dann das Nichts? Löst

DIE WELT ENTWICKELT SICH

Es war ein Biologe, der den Gedanken der Entwicklung populär machte. Charles Darwin zeigte in seinem berühmten Buch »Ursprung der Arten«, dass Menschen und Tiere nicht einfach immer schon da waren, sondern sich in ganz langen Zeiträumen ständig weiter entwickelten. Die Ideen von Charles Darwin bedeuteten im 19. Jahrhundert eine Sensation und waren sehr umstritten. Doch heute gibt es keinen ernst zu nehmenden Wissenschaftler, der sie bestreitet.

sich jeder auf, der am Schild vorbeikommt? Stößt man gegen eine dicke, undurchdringliche stählerne Wand? Oder gibt es vielleicht eine Tür? Eine lustige grüne Tür mit Klinke? Und jeder, der durch diese lustige Tür hinausgeht, landet als kleine grüne Figur im zweiten Level eines Computerspiels, das von riesenhaften zotteligen Monstern im Mega-Raum gespielt wird?

Das Ende des Weltraums bedeutet nicht das Ende unserer Fragen. Zu befürchten ist, dass es uns gar nicht viel weiterhelfen würde, wenn der Weltraum nur aus unserem Sonnensystem bestünde. Die Frage »Was kommt dann?« bliebe die gleiche. Die Wissenschaftler würden weiterhin nach einer Lösung für das Problem suchen. Und die Kinder in der Kinder-Uni würden sich weiterhin fragen, ob draußen, jenseits des Weltraums, wohl jemand sitzt und uns im Fernsehen sieht.

Könnte es sein, dass für die Menschen die Fragen manchmal wichtiger sind als die Antworten? Haben die Menschen so etwas wie einen kleinen Fragewurm in ihrem Kopf? Einen Fragewurm, der sie zwingt, ewig die gleiche, unbeantwortbare Frage zu stellen, egal womit sie es zu tun haben: »Was kommt dann?« Erscheint uns der Weltraum nur deshalb so groß, weil wir so große Fragen haben?

Immerhin haben die Astronomen auf die Frage »Warum ist der Weltraum so groß?« ein paar interessante Antworten gefunden. Es sind allerdings praktische Antworten, die nichts mit der großen philosophischen Warum-Frage zu tun haben. Zum Beispiel sind die Astronomen ziemlich sicher, dass der Weltraum einmal ganz klein angefangen hat, so klein, dass er überhaupt keinen Platz benötigte. Und dass er dann schlagartig angefangen hat, sich auszubreiten, größer und größer wurde. Der Weltraum verhält sich nach dieser Theorie nicht viel anders als ein Mensch, ein Tier oder eine Pflanze. Alle fangen einmal klein an und werden allmählich größer. Sie entwickeln sich.

Dass der Weltraum größer wird und sich verändert, ist ein Gedanke, der uns heute fast schon normal vorkommt. Dabei ist er gar nicht so alt. Noch vor 200 Jahren gingen die allermeisten Menschen davon aus, dass der Weltraum ewig und unveränderlich ist und die Sterne und Planeten friedlich ihre immer gleichen Kreise am Himmel ziehen. Das passte besser zu ihrem Weltbild, in dem Gott vor ungefähr 6000 Jahren die Welt auf einen Schlag geschaffen hatte.

Im Jahr 1785 fing dieses Weltbild gefährlich an zu wackeln. Ein deutscher Astronom stellte zum ersten Mal die These auf, dass Sterne und Planeten nicht von Anfang an da waren, sondern im Lauf der Zeit entstanden sein könnten. Es war Friedrich Wilhelm Herschel. Wir haben schon erfahren, dass dieser Forscher, der eigentlich ein Musiker war, herausgefunden hatte, dass viele der kleinen verschwommenen Punkte am Himmel eigene Galaxien waren, ähnlich wie die Milchstraße. Doch Herschel fand noch mehr heraus. Er glaubte, dass diese weit entfernten Sternenhaufen unter dem Einfluss der Schwerkraft entstanden waren und zwar ganz allmählich. Ein kühner Gedanke für Herschels Kollegen, aber ein richtiger, wie wir heute wissen.

FRIEDRICH WILHELM HERSCHEL

lebte von 1738 bis 1822 und war von Beruf Oboenspieler und Musiklehrer. Mit dreißig Jahren entdeckte er seine große Leidenschaft für die Mathematik und die Sternenbeobachtung. Mit Hilfe selbstgebauter Teleskope suchte er fortan systematisch den Himmel ab und fand 1781 als erster Mensch den Planeten Uranus. Außer dem Uranus entdeckte er noch viele andere Himmelskörper. 1816 wurde er in England zum Ritter geschlagen.

Zeitreisen mit Teleskop

Herschel hatte noch eine andere aufregende Idee. Während er mit seinem Teleskop die kleinen Sternenhaufen betrachtete, die er im fernen Weltraum entdeckt hatte, kam ihm der Gedanke, dass alles, was er im Fernrohr sah, schon vergangen war. »Ich habe Sterne beobachtet, deren Licht, das kann bewiesen werden, zwei Millionen Jahre bis zur Erde unterwegs war.«

Das klingt verrückt. Wenn das Licht zwei Millionen Jahre bis zur Erde unterwegs ist, bedeutet das, dass wir am Himmel nur noch sehen, was längst vorbei ist: Geschichte. Sterne, die wir noch leuchten sehen, könnten schon vor Millionen Jahren explodiert sein. Ein unbehaglicher Gedanke.

Aber ein richtiger. Wir wissen heute, dass der Schall eine gewisse Zeit braucht, um von einem Ort zum anderen zu kommen. Bei einem Gewitter sehen wir deshalb erst den Blitz und hören den Donner ein paar Sekunden später. Ganz ähnlich ist es beim Licht. Auch das Licht ist eine Zeit unterwegs, allerdings reist es sehr viel schneller als der Schall und lässt sich nicht so einfach messen. Man kann nicht an einem Ende des Schulhofs seine Taschenlampe anmachen und dann langsam »eins, zwei, drei …« zählen, bis es am andern Ende angekommen ist. Allein die Frage, wie das Startsignal beim Lichtmessen gegeben werden soll, ist vertrackt. Weil das Licht viel schneller ist als der Schall, nutzt es nichts, eine Pistole abzuschießen wie beim Hundertmeterlauf: Wenn der Schuss zu hören ist, wäre das Licht längst am Ziel und würde schon gemütlich in der Kabine duschen. Um die Geschwindigkeit des Lichts zu messen, muss man sehr raffiniert vorgehen.

Dass wir am Himmel fast nur Geschichte sehen, ist auf den ersten Blick beunruhigend. Für die Astronomen aber hat es einen riesigen Vorteil. Mit ihren Teleskopen können sie in die Vergangenheit schauen und in weit entfernten Galaxien das sehen, was die

Milchstraße schon hinter sich hat. Es ist so, als könnte man mit einem Fernrohr seine eigene Kindheit betrachten und sich zurückversetzen in die Zeit, als man noch klein war und jeden Tag ein wenig größer wurde. 13 Milliarden Lichtjahre schaffen heute die besten Teleskope, die Astronomen können also 13 Milliarden Jahre zurückschauen, in eine Zeit, als es die Erde und unsere Sonne noch nicht gab, denn die Erde ist erst ungefähr 4,5 Milliarden Jahre alt.

Könnte man möglicherweise auch in die Zeit vor der Entstehung des Universums zurückschauen? Als weder Galaxien noch Planeten existierten, als es nicht einmal den kleinsten Staub gab, kein Atom, absolut nichts da war? Kann man in eine Zeit vor dem Nichts zurückschauen? Ausgerechnet das geht leider nicht, und es wird nie gehen. Den Grund dafür wollen wir an dieser Stelle noch nicht verraten. Sicher ist jedenfalls, dass man auch mit den schärfsten Teleskopen niemals in die Zeit vor der Entstehung des Universums zurückblicken kann.

Eigentlich wäre es für uns sowieso viel nützlicher, wenn man nicht in die Vergangenheit, sondern in die Zukunft blicken könnte. Auf diese Weise könnte man rechtzeitig herausfinden, welche Fragen der Lehrer in der nächsten Mathe-Klassenarbeit stellt. Man wüsste schon am Montag die Lottozahlen vom nächsten Wochenende. Und müsste vor allen Dingen nicht mehr so lange Zeit auf den nächsten Harry-Potter-Band warten.

Erstaunlicherweise können die Astronomen sogar in die Zukunft blicken. Allerdings brauchen sie dafür nicht ihre Fernrohre, sondern ihre Computer. Mit Hilfe der Mathematik und Physik können sie errechnen, was im Weltraum noch alles passieren wird. Sie wissen zum Beispiel, dass in fünf Milliar-

WIE MAN DAS LICHT MISST

Der erste, der auf der Erde die Lichtgeschwindigkeit ermittelte, war der französische Physiker Armand-Hippolyte-Louis Fizeau. Er schickte einen Lichtstrahl los, der von einem Spiegel auf einem entfernten Hügel reflektiert wurde. Am Start musste der Strahl die Zähne eines rotierenden Zahnrades passieren und wurde in schnellem Rhythmus unterbrochen. Über den fernen Spiegel kehrten die Lichtblitze wieder zurück zum Zahnrad, das sich aber in der kurzen Zeit schon eine Winzigkeit weitergedreht hatte. So trafen die Blitze, je nach Geschwindigkeit des Zahnrads immer auf einen Zahn (in diesem Fall blieb das Licht hinter dem Zahnrad unsichtbar) oder sie flitzten durch die Lücken hindurch (waren also sichtbar). Aus der Geschwindigkeit des Zahnrades ließ sich dann die Geschwindigkeit des Lichts errechnen.

den Jahren der Energievorrat unserer Sonne aufgebraucht sein wird. Die Sonne wird sich dann mächtig aufblähen, immer heißer werden und danach ganz allmählich wieder abkühlen. Ein aufregendes Schauspiel, das allerdings auf der Erde niemand mehr sehen wird. Ohne Sonne gibt es auch kein Leben auf der Erde.

Quietscht der Raum?

Die Astronomen wissen auch, dass der Weltraum unaufhörlich größer wird. Er wächst und wächst, und er wächst nicht etwa so wie ein Baum oder ein kleiner Bruder, der jedes Jahr ein paar Zentimeter zulegt. Der Weltraum, der jetzt schon unfassbar groß ist, wächst rasend schnell, er dehnt sich mit einer Geschwindigkeit aus, die sogar die Lichtgeschwindigkeit übersteigt.

Wie kann das Universum so schnell wachsen? Schneller als das Licht? Ist nicht die Lichtgeschwindigkeit die schnellste aller Geschwindigkeiten? Tatsächlich wächst der Weltraum nicht, weil die Sterne und Galaxien in alle Richtungen davonrasen. Dann wäre die Theorie mit der Lichtgeschwindigkeit tatsächlich widerlegt. Der Weltraum breitet sich aus, weil der Raum selbst sich ausbreitet, der Raum, in dem sich alle Materie des Universums befindet. Und dieser Raum darf, anders als die Himmelskörper, schneller sein als das Licht.

Es ist nicht einfach, sich das vorzustellen: dass Raum wachsen kann. Wie soll das gehen? Quietscht Raum, wenn er wächst? Müssen wir befürchten, dass auch der Raum in unserem Fußball plötzlich anfängt zu wachsen? Und ihn platzen lässt? Womöglich genau in dem Moment, wenn der Ball in die linke obere Ecke des gegnerischen Tors eindringt?

All diese schwierigen Fragen werden wir im sechsten Kapitel behandeln. Zunächst mal reicht es aus, wenn wir wissen, dass der Weltraum sich ausdehnt. Und daran haben die Astronomen nicht den geringsten Zweifel. Seit ein paar Jahren sind sie auch davon überzeugt, dass der Weltraum immer weiter wachsen wird. Der Start war ein Punkt ohne Wiederkehr.

Seit jener ersten Regung dehnt sich der Weltraum unaufhaltsam aus. Das ist der Grund für seine unglaubliche Größe. Er wächst mit einer unglaublichen Geschwindigkeit, er wächst schneller als das Licht. In diesem rasenden Wachstum reißt er sogar die Lichtsignale mit sich fort, die von seinen äußersten Rändern zu uns geschickt werden. Nie werden sie uns erreichen.

Werden wir nie erfahren, wie es am Ende des Universums aussieht?

Aufbruch ins Universum

Das Leben in einem Raumschiff ist spannend, aber es hat auch seine Macken. Zum Beispiel kann man sich nicht einfach zum Schlafen auf eine Matratze legen. Oder sich mal eben ein Käsebrot schmieren.

Trotzdem sind Weltraumreisen bei Kindern und Erwachsenen sehr beliebt. Schade nur, dass es für die richtig aufregenden Touren noch keine geeigneten Transportmittel gibt.

Niemand weiß, wer als Erster auf die Idee gekommen ist, eine Rakete zu bauen. Genau wie das Rad oder das Feuer zählt die Rakete zu den Erfindungen der Menschheit, deren Erfinder auf ewig unbekannt bleiben werden. Kein Patent, kein Denkmal, kein Schulname erinnert an sie, und es ist zu befürchten, dass nicht einmal die Internet-Suchmaschine Google ihren Namen kennt.

Die Geschichtswissenschaftler sind aber sicher, dass es ein Chinese war, der zum ersten Mal ein explosives Pulver in ein Bambusrohr steckte und anzündete. Verblüfft wird er beobachtet haben, wie das Rohr in die Luft schoss. Vor gut tausend Jahren muss das passiert sein, und der Erfinder ahnte sicher nicht, dass er das Prinzip entdeckt hatte, mit dem einmal Menschen zum Mond fliegen würden.

Normalerweise verwendeten die Chinesen ihre Raketen für Feuerwerke. Im Jahr 1232 setzten sie ihre Erfindung aber auch in einem Krieg ein. In der Schlacht um die Stadt Kai-Keng griffen sie ein Mongolenheer mit »Pfeilen von fliegendem Feuer« an. Es war das erste Mal, dass Raketen in einer Chronik erwähnt wurden. Die Pfeile bestanden aus einem mit Pulver gefüllten Rohr, das an einem Ende verstopft war. Zündete man das Pulver an, verbrannte es sehr schnell und stieß dabei schlagartig eine Menge Rauch und Dampf durch die hintere Öffnung aus.

Man weiß nicht, ob die »Pfeile von fliegendem Feuer« große Verwüstungen bei den Mongolen anrichteten. Offenbar waren die wilden Reiter aber so beeindruckt von den ersten Raketen der Welt, dass sie in der Schlacht von Kai-Keng das Weite suchten und wenig später begannen, die feindliche Erfindung nachzubauen. Weil die Mongolen ein reise- und eroberungsfreudiges Volk waren, könnte es sein, dass sie die Idee von der Rakete nach Europa brachten. Andere Forscher glauben, dass arabische Händler den Trick mit dem krachenden Pulver im Westen verbreiteten. Im 13. und 14. Jahrhundert jedenfalls häuften sich die Nachrichten von explosiven Experimenten in Europa. Fromme Mönche wie Roger Bacon und Berthold Schwarz entwickelten ihre eigenen Pulvermischungen und galten in Europa lange Zeit als Erfinder des Schießpulvers. Tatsächlich aber wurde das Pulver in China erfunden, und es wurde dort auch, wie wir gelesen haben, zum ersten Mal im Krieg eingesetzt. Die Legende, dass die Chinesen das Schießpulver nur fürs Feuerwerk und zur Freude der Menschen nutzten, ist falsch.

DIE DAMPFENDE TAUBE

Von einer frühen Nutzung des Raketenprinzips berichtet der römische Schriftsteller Aulus Gellius. Danach soll der griechische Mathematiker und Philosoph Archytas 400 Jahre vor Christi Geburt eine hölzerne Taube an einem Rad in Bewegung gebracht haben, indem er sie einen geheimnisvollen Dampf ausstoßen ließ. Die Einwohner seiner Heimatstadt Tarent seien darüber höchst erstaunt gewesen.

Warum machen Raketen so viel Krach?

Die Chinesen wussten zwar, wie Raketen gebaut werden, aber sie wussten nicht, warum Raketen

KONSTANTIN ZIOLKOWSKY

ist ein russischer Weltraumpionier, der schon als Kind sein Gehör verlor. Weil man ihn wegen seiner Taubheit nicht zur Schule gehen ließ, brachte er sich alles Wissen aus Büchern selbst bei. Eines der Bücher, die er las, begeisterte ihn besonders: Jules Vernes Roman »Von der Erde zum Mond«. Ziolkowsky wurde Mathelehrer in der Stadt Borovsk und begann, über die bemannte Raumfahrt nachzudenken. In zahlreichen Büchern beschrieb er, wie Astronauten mit einer Rakete in den Weltraum reisen und fremde Planeten besiedeln könnten. Heute gilt Ziolkowsky, der von 1857 bis 1935 lebte, als ein Prophet der bemannten Raumfahrt.

eigentlich fliegen. Bis heute denken viele Menschen, dass sich eine Rakete einfach mit einer Riesenflamme vom Boden abstößt. Ungefähr so wie Basketball-Star Dirk Nowitzki, wenn er für die Dallas Mavericks einen Korb wirft. Doch das ist falsch. Die Theorie vom Abstoßen würde bedeuten, dass eine Rakete im Weltraum überhaupt nicht beschleunigen könnte. Im All ist es schließlich absolut leer, es gibt nichts zum Abstoßen.

Tatsächlich aber können Raketen im Weltraum sehr gut beschleunigen. Sie kommen sogar besser voran als in der Erdatmosphäre, weil es im Weltraum keinen Luftwiderstand gibt, der sie abbremst. Auch das Triebwerk kann seinen Brennstoff viel leichter und schneller nach unten ausstoßen, weil dort keine Luftpartikel den Weg versperren. Genau darauf aber kommt es an. Eine Rakete muss sehr schnell sehr viel Masse, also sehr viel Gewicht, loswerden. Nur deshalb starten Raketen mit einer Ex-

plosion und so viel Krach. Ihre Masse ist der Brennstoff und der muss hinten raus. Und zwar verdammt schnell.

Die meisten Kinder kennen den Trick mit der Masse sehr gut. Sie müssen sich nur daran erinnern, wie Frau Krempel, die vollschlanke Musiklehrerin, bei der Klassenfahrt einmal versuchte, von ihrem Schlauchboot aus an Land zu springen. Kaum sprang sie ab, zischte das Boot in Richtung Seemitte, und die Musiklehrerin landete im Wasser. Schuld daran war der Rückstoß. Er ist umso größer, je dicker und schwerer die Masse ist, die von Bord springt. Viele Kinder wissen auch, dass ein Westernheld beim Abfeuern eines Revolvers aufpassen muss. Ein Revolver oder ein Gewehr schlagen nämlich kräftig nach hinten aus, wenn die Kugel vorne aus der Mündung rast. Der Rückstoß kann einen ungeübten Schützen ganz schön zum Wackeln bringen.

Wenn eine große Rakete wie die europäische Ariane abhebt, muss rasend schnell enorm viel Masse aus der Rakete hinausgeschleudert werden. Das geht nur, wenn die Masse explosiv ist und einigermaßen kontrollierbar verbrennt. Die Chinesen verwendeten eine Mischung aus Salpeter, Schwefel und Kohlenstaub. Dieses Pulver trug die leichten Feuerwerksraketen hoch in die Luft. Für Raketen, die schwere Lasten in den Weltraum transportieren müssen, sind Salpetermischungen allerdings nicht so gut geeignet.

Die meisten modernen Raketen verwenden zwei verschiedene Brennstoffarten: feste und flüssige. Das Spaceshuttle startet mit Hilfe von zwei sogenannten Boostern, das sind Feststofftriebwerke, die mit Aluminiumpulver und einem Stoff namens Ammoniumperchlorat arbeiten. Diese explosive Mischung,

DIE RAKETENBAUER

Außer den USA und Russland gibt es inzwischen eine Menge Länder, die funktionsfähige Raketen bauen können. Zum Raketen-Club gehören China, Japan, Indien, Israel und die Europäer mit ihren Ariane-Raketen. All diese Länder schaffen es, mit ihren Raketen eigene Satelliten in eine Umlaufbahn zu transportieren. Noch mehr Länder verfügen über Raketen, die als Waffen eingesetzt werden können.

WERNHER VON BRAUN

Dem deutschen Ingenieur Wernher von Braun gelang es zum ersten Mal, eine große Rakete auf eine stabile Flugbahn zu bringen. Seine geniale Schöpfung, die V2, war allerdings eine Kriegswaffe. Zwangsarbeiter mussten in der Raketenfabrik Peenemünde und im Konzentrationslager Dora-Mittelbau über dreitausend Raketen dieses Typs bauen. Mit der V2 griffen die Nationalsozialisten London und Antwerpen an. Nach dem Krieg ging Wernher von Braun in die USA, konstruierte die Saturn-Raketen und wurde Direktor bei der NASA. Bis heute funktionieren die meisten Raketentriebwerke nach Prinzipien, die Wernher von Braun entwickelte.

die in chemischen Fabriken hergestellt wird, sorgt für großen Schub beim Start. Das Haupttriebwerk, das für den Rest des Aufstiegs zuständig ist, wird mit flüssigem Treibstoff betrieben, meistens einer Mischung aus tiefgekühltem Wasserstoff und Sauerstoff. Der flüssige Treibstoff liefert nicht so viel Schub wie der feste, ist aber besser zu kontrollieren.

Wie kommen neun Elefanten auf den Mond?

Die größte jemals gebaute Rakete war die Saturn V, mit der die USA im Juli 1969 die ersten Menschen auf den Mond schickten. Mit 110 Metern war sie höher als die Freiheitsstatue in New York. 45 Tonnen Last konnte das dreistufige Ungetüm zum Mond bringen, das entspricht neun ausgewachsenen Elefanten. In nur 2,5 Minuten katapultierte die Saturn diese Last auf eine Höhe von 61 Kilometern. Nach neun Minuten war die Rakete schon 24 000 Kilometer pro Stunde schnell, eine Beschleunigung, die den Astronauten ganz schön auf die Knochen ging.

Der deutsche Astronaut Ulf Merbold beschrieb in einem Buch, wie man sich beim Start einer Rakete fühlt. »Es war wie der Faustschlag eines Titanen«, erinnerte er sich an seinen Flug mit einem Spaceshuttle. »Um uns dröhnte, vibrierte und schüttelte alles. Kein Wunder, denn unter uns schien sich ein Vulkan zu entladen.« Gut zwei Minuten dauerte diese Phase, sie endete, als die Feststoffraketen mit einem Ruck abgesprengt wurden. Danach übernahm das Haupttriebwerk die Arbeit. Der Flug wurde schlagartig leiser, aber die Beschleunigung nahm noch zu. Die Astronauten wurden mit dem Dreifachen ihres eigenen Körpergewichts in die

Sitze gepresst und konnten sich kaum rühren. Das ist ein Gefühl, als ob zwei Mitschüler auf einem drauf liegen. Trotzdem hat Ulf Merbold es genossen, die gewaltige Kraft der Triebwerke zu spüren, die ihn, ohne dass er etwas tun musste, in nur zwölf Minuten von seinem Startplatz in Florida ins All hinaufschossen.

Ist der Start überstanden, ändert sich das Reisegefühl enorm. Nach dem Höllenlärm in den ersten Minuten herrscht im Weltraum absolute Stille. Vor den Fenstern ist es nicht mehr blau, sondern tiefschwarz: die Farbe des Universums. Eben noch keuchten die Astronauten unter dem enormen Druck beim Start, jetzt, wenige Minuten später, fühlen sie sich ganz leicht. Die Schwerkraft ist verschwunden. Obwohl sie die Schwerelosigkeit in ihrer Ausbildung viele Male geübt haben, ist die Wirklichkeit für die meisten eine große Überraschung. Plötzlich schweben sie. Und alles, was nicht irgendwo befestigt ist, schwebt mit: Kugelschreiber, Butterbrot, Fußballsammelbildchen.

YURI GAGARIN

Der erste Mensch im Weltraum war von der Fliegerei besessen. Im Zweiten Weltkrieg sah er einmal, wie ein russischer Pilot landete, um einen anderen zu retten. Das hat den jungen Yuri so beeindruckt, dass er selbst Flieger werden wollte. Während seines Studiums trat er einem Fliegerclub bei und wurde schließlich Pilot der sowjetischen Luftwaffe. Er war so verrückt nach Flugzeugen, dass er einmal einen ganzen Sommer lang in einem Zelt neben dem Rollfeld übernachtete. Am 12. April 1961 umrundete er in der Raumkapsel Wostok I in 108 Minuten die Erde.

Für viele Raumfahrer ist es das Schönste, dass sie durch die Fenster ihrer Kapsel die Erde sehen können. Ganz frei schwebt der Planet im All, die Astronauten erkennen die glitzernden blauen Meere, die großen Kontinente, die grünen Urwälder, die Wüsten und schneebedeckten Berge. Es ist so faszinierend, dass die meisten noch Jahre später ergriffen sind von dem Anblick. Sie sagen, dass sie in ihrem ganzen Leben nie wieder etwas Schöneres gesehen haben.

Allzu lange allerdings können die Astronauten den Anblick nicht genießen. Das Leben an Bord eines Raumschiffs ist anstrengend und folgt einem Stundenplan, den viele Spezialisten mit Computern ganz genau ausgearbeitet haben. Im Weltraum wird nämlich auch Wissenschaft betrieben. Zum Beispiel kann man in einer Umlaufbahn viel bessere Himmelsbeobachtungen machen als auf der Erde, weil es im All keine Staubpartikel gibt, die den Blick trüben. Auch erforschen die Raumfahrer, wie sich in der Schwerelosigkeit Flüssigkeiten mischen und wie Pflanzen wachsen. Sie absolvieren zahlreiche medizinische Tests, bekommen Elektroden an den Kopf geklebt und müssen laufend ihren Blutdruck und ihren Herzschlag messen. Zusätzlich stehen immer wieder schwierige Flugmanöver an: der Wechsel auf eine andere Umlaufbahn, das Andocken an eine Raumstation. Schon ein kleiner Fehler kann bei einem Anflug große Folgen haben. Schließlich rast eine Raumfähre mit 28 000 Kilometern pro Stunde durchs All, das ist hundertmal so schnell wie ein Rennwagen.

In einer Raumfähre oder einer Raumstation ist der Alltag ziemlich aufregend, weil alles anders funktioniert als auf der Erde. Zum Beispiel kann man sich nicht einfach ein Brot schmieren, wenn man Hunger hat. Jeder Käse- oder Brotkrümel, jedes winzige Stückchen Butter würden sofort durch die Station schweben und sich in Ritzen festsetzen oder in die empfindlichen elektronischen Geräte eindringen. Die Astronauten essen deshalb hauptsächlich Fertignahrung, die sie in einem Ofen aufwärmen. Sie ist gut verpackt und muss vor dem Essen mit Wasser flüssig gemacht werden. In der internationalen Raumstation wurde aber auch schon frisches Obst und Gemüse serviert: Äpfel, Bananen, Karotten oder Stangensellerie. Gegessen wird mit Strohhalmen oder ganz normal

mit Gabeln und Löffeln. Manchmal machen die Astronauten auch kleine Späße. Sie lassen zum Beispiel Tomatenstücke durch die Station schweben und fangen sie mit dem Mund auf.

Wenn man sich die Hände waschen will, hält man sie auf der Erde einfach unter einen Wasserhahn. Im All würde das Wasser sofort im ganzen Raumschiff herumfliegen. Die Astronauten waschen sich deshalb mit feuchten Tüchern die Hände und das Gesicht. Nur auf der internationalen Raumstation gibt es schon richtige Duschen. Es sind Plastiksäcke, aus denen das Wasser unten wieder hinausgesaugt wird. Sehr vorsichtig müssen die Astronauten sein, wenn sie sich die Zähne putzen. Sie mischen dann die Zahnpasta mit Speichel und spucken sie zum Schluss in ein Tuch oder schlucken sie einfach herunter. Auch die Raumstation muss natürlich geputzt werden. Jeden Samstag wischen die Astronauten mit feuchten Desinfektionstüchern alle Wände und Geräte ab.

KOSMISCHE MISCHUNG

Jedes Kind hat schon mal in einem Eimer Sand und Wasser gemischt. Ergebnis: Der schwere Sand sackt zu Boden, das Wasser steht oben drüber. Ganz anders im Weltraum: Weil es dort keine Schwerkraft gibt, lassen sich unterschiedlich schwere Dinge prima mischen. Chemiker hoffen, dass sich auf diese Weise irgendwann einmal ganz neue Stoffe herstellen lassen.

Wie man neben seiner Matratze schläft

Kompliziert wird es, wenn ein Astronaut aufs Klo muss. Damit hinterher nichts Ekliges durch die Raumstation schwebt, muss das ganze Geschäft durch sehr kleine Öffnungen abgesaugt werden. Dabei darf nichts daneben gehen. Die Astronauten müssen sich gut festhalten oder auf der Schüssel festschnallen. Nach dem kleinen oder großen Geschäft können sie nicht einfach das Fenster aufmachen und frische Luft reinlassen. Sonst würden sie im Nu im Weltraum landen. Die Luft in der Toilettenkabine wird deshalb mit Spezialfiltern von Gasen, Gerüchen und Bakterien gereinigt und danach wieder in die Kabine geleitet. Früher wurde sogar der Urin der Astronauten gesäubert, schließlich besteht er zu 95 Prozent aus kostbarem Wasser. Diese Mühe macht man sich heute nicht mehr. Kot und Urin werden in Tanks gesammelt, gefriergetrocknet und zur Erde gebracht.

Zum Schlafen schnallen sich die Astronauten in speziellen Schlafsäcken fest. In den ersten Tagen ist es für die meisten ungewohnt, wegen der Schwerelosigkeit nicht auf einer Matratze »liegen« zu können, sondern neben ihr zu schweben. Aber der Körper stellt sich schnell um. Aufpassen müssen die Astronauten aber, dass ihre Schlafsäcke festgeschnallt sind und sie nicht im Schlaf in der Raumstation herumfliegen oder mit der Nase an den Knopf für den Raketenantrieb stoßen. Sehr wichtig ist es auch, dass vor dem Schlafen die Fenster verdunkelt werden. Weil die Raumstation mit 28 000 Stundenkilometern um die Erde kreist, wäre die Nacht sonst sehr kurz: Alle 47 Minuten geht die Sonne auf – und wieder unter.

Zu Beginn eines Fluges finden es die Astronauten auch seltsam, dass es in einer Raumstation wegen der fehlenden Schwerkraft kein Oben und kein Unten gibt und sich die Passagiere nicht an den Wänden orientieren können. Der deutsche Astronaut Gerhard Thiel flog im Jahr 2000 mit dem Spaceshuttle in den Weltraum und schrieb einer oberbayerischen Schulklasse aus dem All eine E-Mail. Darin schilderte er das Gefühl, »dass man sich in einem anderen Raum befindet, dass der Raum auf dem Kopf steht. Man wird plötzlich selber zum Zentrum der Orientierung.« Für die Konstrukteure von

NAVIGATION IM ALL

Der Kurs eines Raumschiffs oder einer Sonde hängt hauptsächlich von den Schwerkräften ab, die andere Himmelskörper auf das Schiff ausüben. Jeder Mond und jeder Planet zerren an dem kleinen Raumfahrzeug und wollen es von seiner Bahn abbringen. Mit Hilfe von Gleichungen, die der englische Physiker Isaac Newton aufstellte, kann man diese Kräfte aber ziemlich genau berechnen und sogar ausnutzen, um Schwung für lange Strecken zu holen.

Raumstationen ist die verdrehte Welt auf jeden Fall sehr vorteilhaft: In einer Raumstation können sie Schubladen, Schalter und Instrumente auch an der »Decke« anbringen und nicht nur an den »Wänden«, schließlich ist es für die Bewohner kein Problem, mal eben nach »oben« zu schweben.

Astronauten in einer Raumstation müssen darauf achten, fit zu bleiben. Täglich steigen sie auf ein Trimmrad und ein Laufband, um zu verhindern, dass ihr Körper zu viele Muskeln abbaut. Die Schwerelosigkeit hat nämlich für den menschlichen Körper unangenehme Folgen. Weil die Muskeln kein Gewicht tragen müssen, schrumpfen sie, und auch die Knochen verlieren Kalzium. Außerdem steigen den Astronauten Blut und andere Körperflüssigkeiten, die sich normalerweise in den Beinen herumtreiben, in den Kopf. Sie bekommen angeschwollene Gesichter und können sich kaum im Spiegel erkennen. Die Raumkrankheit, die vielen

Astronauten in den ersten Tagen im All zu schaffen macht, verschwindet zum Glück bald wieder. Sie löst Übelkeit, Erbrechen, Kopfschmerzen und Schwindelgefühle aus.

Der Mensch, der am längsten ohne Unterbrechung im All gelebt hat, ist der russische Kosmonaut und Mediziner Valery Polyakov. Von Januar 1994 bis März 1995 wohnte er 438 Tage ständig an Bord der Raumstation Mir, insgesamt verbrachte er sogar 679 Tage im All. Polyakovs Weltraumrekord zeigte, dass es Menschen erstaunlich lange Zeit im All aushalten können. Eine gute Nachricht für alle, die von Reisen zu fremden Planeten träumen.

WELTRAUMREKORDE

Valery Polyakov ist der Mann, der am längsten ohne Unterbrechung im Weltraum lebte. Die meiste Zeit verbrachte aber ein anderer russischer Kosmonaut im All: Sergei Krikalev. Der russische Ingenieur flog mehrfach ins All und lebte insgesamt über 800 Tage an Bord eines Raumschiffs oder einer Raumstation.

Keine Pinguine auf dem Mars

Der nächste Planet in unserem Sonnensystem ist der Mars. Er ist 54,5 Millionen Kilometer von der Erde entfernt, allerdings nur, wenn ihn seine Umlaufbahn sehr nahe an unseren Planeten heranführt. Das ist alle zwei Jahre der Fall. Im ungünstigsten Fall ist die Strecke bis zum Mars achtmal länger: über 400 Millionen Kilometer. Klar, dass man bei so einer Entfernung nicht einfach zum Mars aufbrechen kann wie zu einem Ausflug in den Zoo. Selbst im günstigsten Fall ist er hundertfünfzigmal weiter entfernt als der Mond. Nur wenn Erde und Mars für Hin- und Rückfahrt günstig beieinander stehen, ist eine Reise möglich.

Eine Marslandung wäre wegen des großen Abstandes schwieriger als eine Mondlandung. Die Astronauten müssten Unmengen an Treibstoff und Vorräten mitnehmen. Trotzdem hat der amerikanische Präsident George Bush im Jahr 2004 verkün-

KATASTROPHEN IM ALL

Flüge in den Weltraum sind gefährlich: Seit dem ersten bemannten Flug ins All starben einundzwanzig Menschen bei Weltraumflügen. Die Unglücke ereigneten sich meistens kurz nach dem Start oder bei der Landung. Besonders riskant sind Flüge mit der NASA: siebzehn Astronauten kamen in amerikanischen Raumschiffen ums Leben. Ein weiteres Unglück verhinderte die NASA im Jahr 1970 nur mit einer spektakulären Rettungsaktion. An Bord von Apollo 13 war ein Sauerstofftank explodiert.

det, dass sein Land Menschen auf den Mars schicken will. Sein Vorbild war John F. Kennedy, einer seiner Vorgänger, der 1961 in einer berühmten Rede die Mondlandung ankündigte.

Im günstigsten Fall benötigen die Mars-Astronauten allein für Hin- und Rückreise etwa 260 Tage. Allerdings käme in diesem Fall eine lange Aufenthaltsdauer auf dem Mars hinzu. Die Astronauten müssten, um die optimale Verbindung für die Rückreise zu bekommen, gut ein Jahr auf dem Mars verbringen.

Von den Besatzungen der Antarktis-Stationen wissen wir, dass sich Menschen lange Zeit in einer lebensfeindlichen Umgebung aufhalten können. Am Südpol erreichen die Temperaturen im Winter minus 60 Grad, es herrscht eisiger Wind und tiefe Dunkelheit. Wie im Weltraum darf niemand ohne Schutzkleidung eine Station verlassen. Antarktis-Forscher allerdings gehen auch mal in Urlaub. Falls ihnen etwas zustößt, können sie evakuiert werden. Außerdem haben sie manchmal Gesellschaft von Pinguinen, was sich auf die Laune sehr positiv auswirkt. Auf dem Mars gibt es weder Pinguine noch kann jemand evakuiert werden, wenn er durchdreht und beispielsweise Besatzungsmitglieder bedroht. Auch sollte niemand ernsthaft krank werden: Im Raumschiff kann zwar ein Arzt mitfliegen, aber keine komplette Intensivstation. Und käme es, wie beim Flug von Apollo 13, zu einer großen technischen Panne an Bord des Raumschiffs: Die Mars-Astronauten müssten unweigerlich sterben.

Obwohl es inzwischen eine Menge Erfahrungen mit langen Aufenthalten im All gibt, ist noch völlig ungewiss, wie Menschen eine so lange Zeit gesundheitlich verkraften. Im Weltraum sind die Astronauten einer großen Strahlenbelastung ausgesetzt, ihr Risiko, an Krebs zu erkranken, wächst. Außerdem verlieren sie in der Schwerelosigkeit ständig Muskeln und Knochenmasse. Auf der Erde lässt sich dieser Verlust mit intensivem Training nach dem Flug wieder ausgleichen. Doch im Weltraum? Ein Vorteil ist, dass der Mars, anders als eine Raumstation, auch eine Masse und deshalb eine Schwerkraft besitzt. Sie liegt zwar nur bei 40 Prozent der irdischen Schwerkraft. Aber das ist für die menschlichen Muskeln besser als nichts. Ein Mann, der auf der Erde 80 Kilo wiegt, kommt auf dem Mars immerhin auf 32 Kilo.

Es kann sein, dass sich die technischen Probleme in den nächsten Jahrzehnten lösen lassen. Doch gibt es noch ein anderes Problem, eines, das mit der Technik gar nichts zu tun hat: Bislang weiß niemand, was die Astronauten eigentlich zwei Jahre lang auf dem Mars anfangen sollen. Monopoly spielen? SMS verschicken? Fingernägel polieren? Zwar können die irdischen Besucher auf dem Mars viele Fotos machen, die Zusammensetzung der Atmosphäre messen und massenhaft Bodenproben sammeln, aber das kann eine unbemannte Mars-Sonde genauso gut. Schon jetzt wissen die Wissenschaftler dank der Sonden eine Menge Dinge über den Mars. Es ist sehr fraglich, ob die Astronauten mehr herausfinden.

Viele Wissenschaftler finden deshalb, man sollte das Geld für eine Mars-Expedition lieber für gute Teleskope oder unbemannte Raumsonden ausgeben, mit denen sich wirklich etwas Neues entdecken ließe. Leider sieht es im Fernsehen ziemlich

COLUMBIA-CREW IM HIMMEL

Am 1. Februar 2003 verglühte das Spaceshuttle Columbia mitsamt seiner siebenköpfigen Besatzung beim Eintritt in die Erdatmosphäre. Zu Ehren der Crew wurden im selben Jahr sieben kleine Asteroiden nach ihnen benannt. Die Asteroiden kreisen zwischen Mars und Jupiter um die Sonne.

LAND ODER WASSER?

Die ersten Kosmonauten verließen ihre Kapsel noch mit dem Schleudersitz wie Jet-Piloten. Später landeten die russischen Weltraumflieger mit ihren Kapseln auf dem Boden. Nachteil dieser Methode: Zusätzlich zum Fallschirm werden Bremsraketen benötigt. Die Astronauten der Apollo-Flüge gingen stets auf dem Wasser nieder, ohne Bremsraketen. Ihr Risiko: Die Kapsel konnte untergehen. Heute landen auch die US-Astronauten mit dem Spaceshuttle auf dem Land.

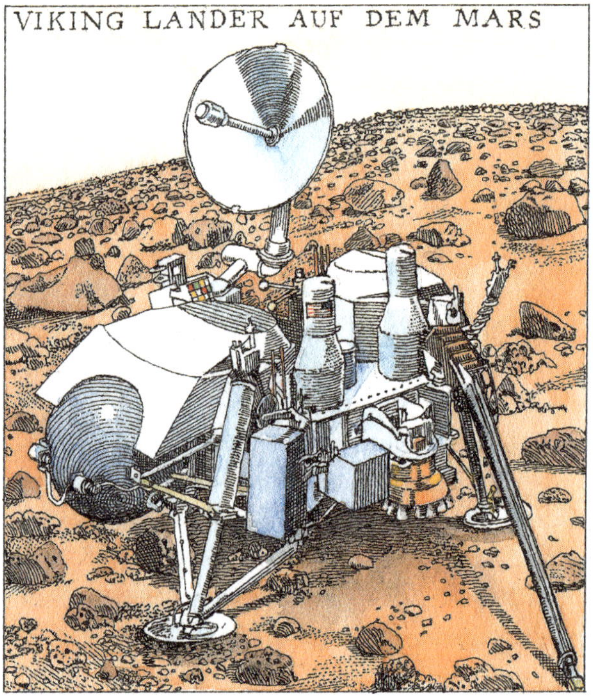

DAS MONDGESTEIN

Insgesamt 382 Kilogramm Gestein brachten die Apollo-Astronauten von ihren Mondflügen mit. Das meiste befindet sich in Safes bei der NASA und bei wissenschaftlichen Institutionen auf der ganzen Welt. Ab und zu hat die Regierung der Vereinigten Staaten aber auch etwas verschenkt. So erhielt der Präsident von Honduras im Jahr 1973 ein Päckchen, das er 1998 an einen privaten Sammler für 50 000 Doller verkaufte. Weil der Handel mit Mondgestein in den USA verboten ist, musste der Käufer die Brocken wieder an den amerikanischen Staat zurückgeben. Im Jahr 2002 haben vier Studenten auch einmal einen NASA-Safe mit 53 Mondbrocken geklaut. Sie wurden erwischt.

komisch aus, wenn strahlende Politiker einen Orden an ein Teleskop kleben und es zum »Helden des Weltraums« erklären. Politiker ziehen Flüge und Fotos mit lebenden Astronauten vor. Auch das Fernsehen zeigt lieber Menschen bei einem sinnlosen Spaziergang über den Mars als Wissenschaftler bei der sinnvollen Auswertung einer Hubble-Aufnahme. Es ist einfach dramatischer, und die Einschaltquoten sind höher.

Als am 20. Juli 1969 der erste Mensch den Mond betrat, schauten eine halbe Milliarde Menschen zu und feierten Neil Armstrong. Der Mann, der in dem kleinen Ort Wakaponeta in den USA geboren wurde, war schon als Kind verrückt aufs Fliegen. Nachts träumte er, dass er nur die Luft anhalten müsste, um zu schweben, und war enttäuscht, wenn der Trick tagsüber nicht funktionierte. Seinen Flugschein machte Armstrong mit sechzehn, da konnte er noch nicht einmal Auto fahren.

Als Armstrong und sein Partner Edwin Aldrin 1969 über den Mond hüpften, fragte kaum jemand, ob beim Flug der Apollo 11 auch etwas für die Wissenschaft herauskam und ob sich das viele Geld gelohnt hatte. Zu groß war die Begeisterung über den unglaublichen Erfolg. Die Menschen staunten, was die vielen tausend Techniker geschafft hatten. Heute allerdings gibt es eine Menge Leute, die sich diese Frage stellen: Hat es sich gelohnt?

Die Steine, die Armstrong und spätere Apollo-Astronauten vom Mond mitbrachten, wurden von vielen Wissenschaftlern untersucht. Ergebnis: Mondgestein unterscheidet sich in seiner Zusammensetzung nicht besonders von Erdgestein. Eine Enttäuschung für die Forscher, aber immerhin eine Bestätigung für eine alte Theorie zur Mondentstehung. Danach wurde die Erde vor 4,5 Milliarden Jahren, als sie noch ein feuriger und völlig toter Planet war, von einem riesigen Himmelskörper getroffen, der so groß gewesen sein muss wie der Mars. »Theia« nennen die Wissenschaftler diesen Brocken, der bei seinem Aufprall große Mengen Erdmasse in den Weltraum sprengte. Diese Trümmer vereinigten sich später zu einem großen Klumpen, dem Mond.

THEIA

heißt der gigantische Felsbrocken, der vor 4,5 Milliarden Jahren den Mond aus der Erde sprengte. Benannt wurde er nach der Göttin »Theia«, die in der griechischen Mythologie zu den Titanen zählte, den ältesten Gottheiten überhaupt. Theia heiratete den eigenen Bruder Hyperion und wurde zur Mutter der Mondgöttin Selene.

Wer hat Angst vor Magnetstürmen?

Viel spannender als Reisen zum Mond oder zum Mars sind Reisen in andere Sonnensysteme und andere Galaxien. Nur auf solchen Reisen gibt es eine

Chance, anderen Lebewesen zu begegnen, wie zum Beispiel Vulkaniern oder Klingonen, und mit ihnen Kontakt aufzunehmen. Doch ist es überhaupt möglich, unser Sonnensystem oder sogar unsere Galaxie zu verlassen? Wird es jemals möglich sein? Ist es gefährlich? Und was muss man beachten?

DENNIS TITO

wird als der erste Tourist im Weltraum bezeichnet. Im Jahr 2001 flog er mit einer russischen Raumfähre zur Internationalen Raumstation und verbrachte dort ein paar Tage. Für die Erfüllung seines Traums bezahlte der amerikanische Multimillionär 20 Millionen Dollar.

Ein Problem bei interstellaren oder intergalaktischen Reisen ist natürlich, dass es bislang keine guten Reiseführer gibt. Niemand sagt einem, ob im Drei-Sterne-System Alpha Centauri auch ein gutes Drei-Sterne-Hotel zu finden ist. Oder wo man unterwegs günstig tanken kann. Oder welche Sehenswürdigkeiten abseits der großen Routen warten: »Idyllisch gelegener Planet mit freundlichen, dreiköpfigen Bewohnern; schnuckelige Cafés, günstiger Einkauf von Hyper-Space-Souvenirs.« Oder: »Faszinierender Ausblick in einen bizarr geformten Spiralnebel; Abstecher lohnt.« Oder: »Ein Muss für jeden Urlaub auf Brnxx4: die Bootstour auf den kochenden Lava-Seen. Unvergesslich.«

Leider sucht man so etwas selbst in den besten Buchhandlungen vergeblich, und das wird wohl auch noch eine Zeit lang so bleiben. Am fehlenden Kartenmaterial würde eine Reise in die nächste Galaxie trotzdem nicht scheitern. Die Astronomen kennen sich im Universum mittlerweile ganz gut aus. Systematisch suchen sie den Himmel nach Sternen und Galaxien ab, messen die Entfernung und tragen das Ergebnis in genaue Tabellen ein. Es wäre kein Problem, mit Hilfe ihrer Daten eine gute Reiseroute zu finden.

Auch die Reise selbst ist, abgesehen natürlich von Problemen mit der Technik, weniger gefährlich als man vermutet. Anders als im Film müssten Raumschiffe in der Wirklichkeit keineswegs ständig gefährliche Magnetstürme, Asteroidenfelder oder feindliche Klingonen-Flotten passieren. Im Gegenteil: Die Piloten könnten zu Beginn der Reise einen Kurs einstellen und sich dann unbesorgt für ein paar tausend Jahre schlafen legen. Die Chance, zufälligerweise einen Asteroiden oder ein fremdes Raumschiff zu rammen, geht gegen Null. Schließlich besteht das Universum, so weit wir es bislang kennen, hauptsächlich aus leerem, weitem Raum.

Die Leere und die Weite des Universums bilden allerdings auch das größte Hindernis für alle Weltraumtouristen. Heutige Raumsonden durchqueren unser Sonnensystem mit einem Tempo von etwa 130 000 Kilometern pro Stunde. Das ist extrem schnell – für irdische Verhältnisse. Im Weltraum allerdings sind 130 000 Stundenkilometer absolutes Schneckentempo. Zu Proxima Centauri, dem nächsten Stern von uns aus, wäre eine solche superschnelle Sonde mehr als 45 000 Jahre unterwegs. Selbst wenn man berücksichtigt, dass die Menschen heutzutage wegen der medizinischen Fortschritte immer älter werden, dürfte es kaum gelingen, einen solchen Raumflug zu überleben.

DIE WELTRAUM-BATTERIE

Sonden, die fern der Sonne operieren, können ihren Strombedarf nicht mit Solarzellen decken. Sie verwenden Generatoren, die sich den Zerfall von radioaktiven Elementen zunutze machen. Die Wärme, die dabei entsteht, kann zur Stromerzeugung genutzt werden. Die Raumsonde Voyager 1, die im Jahr 1977 gestartet wurde und unser Sonnensystem verlassen hat, kann dank ihres Radioisotopen-Generators noch bis zum Jahr 2020 arbeiten und Daten zur Erde funken.

Die Ingenieure denken deshalb über neuartige Antriebssysteme nach, mit denen ein Raumschiff wesentlich schneller und sparsamer fliegen könnte. Wir haben schon erfahren, dass bei einer Rakete möglichst viel Treibstoff in möglichst kurzer Zeit ausgestoßen werden muss. Das heißt: Soll die Rakete weniger Treibstoff verbrauchen, muss der vorhandene Brennstoff wesentlich schneller ausgestoßen werden.

Schon gibt es Raumfahrzeuge wie die amerikanische Sonde Deep Space 1, die mit dem vergleichsweise sparsamen Ionentriebwerk arbeiten. Bei einem

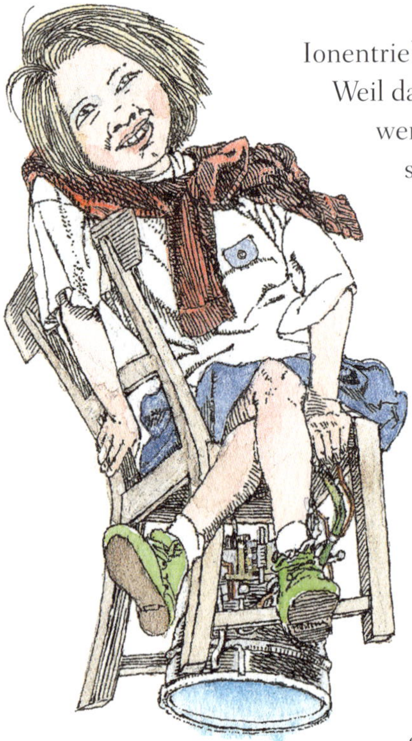

Ionentriebwerk wird das Gas Xenon verwendet. Weil das Gas ziemlich leicht ist, kann das Triebwerk nicht sehr viel Masse nach hinten ausstoßen. Das ist ein Nachteil, wenn beim Start sehr viel Schwerkraft überwunden werden muss. Ein Vorteil ist, dass Xenon, wenn es elektrisch aufgeladen ist (»ionisiert« würde ein Physiker sagen), zehn Mal so schnell hinausbefördert werden kann wie flüssiger Brennstoff. Dadurch kommt zwar kein starker, aber ein sehr ausdauernder Schub zustande. Genug, um eine Sonde im Weltraum zu beschleunigen. Für interstellare Reisen reicht das nicht aus. Hierfür sind ganz andere Triebwerke gefordert, die bislang noch einen entscheidenden Nachteil haben: Sie funktionieren nur in Sciencefiction-Filmen oder -Büchern.

Kleine Abkürzung durchs Wurmloch

Eine dieser neuen Antriebsarten hat sich ein professioneller Raketenbauer ausgedacht. Der österreichische Ingenieur Eugen Sänger entwarf im Jahr 1956 ein Raumschiff, das nur mit Licht fliegt. Erzeugt werden sollte das Licht durch die kontrollierte Vereinigung von Materie mit sogenannter »Antimaterie«, ein Vorgang, bei dem sehr energiereiche Lichtblitze frei werden. Über einen Spiegel würde der leuchtende Treibstoff mit Lichtgeschwindigkeit nach hinten ausgestoßen, das Raumschiff erhielte einen Schub nach vorn. Leider vergaß Sänger, für seinen »Photonenantrieb« eine genaue Konstruktionszeichnung vorzulegen. So konnte bis heute nicht einmal das Problem gelöst werden, wie Antimaterie zu transportieren ist. Antimaterie ist eine Art Spiegelbild der echten Materie und taucht im Universum nicht auf, weil sie bei der kleinsten Berührung mit Materie sofort zerstrahlt. Zwar kann man einzelne Antimaterieteilchen in großen Teilchenbeschleunigern erzeugen, doch sollte man nicht versuchen, auch nur einen halben Liter Antimaterie in einen Tank zu füllen. Der Tank würde sofort mit einem kolossalen Krach verschwinden.

Doch selbst wenn Photonen- oder andere Hochgeschwindigkeitstriebwerke eines Tages funktionieren sollten: Schneller als das Licht können auch die besten Raumschiffe nicht fliegen – jedenfalls nach heutigem Wissensstand. Proxima Centauri, der erdnächste Stern, ist 4,2 Lichtjahre von uns entfernt. Würde ein Astronaut mit 99 Prozent der Lichtgeschwindigkeit dorthin fliegen und gleich wieder umkehren, käme er nach 8,48 Jahren auf der Erde an. Eine lange Zeit, aber für einen echten Forscher kein Problem. Schließlich waren auch große Entdecker wie David Livingstone und Alexander von Humboldt auf ihren Expeditionen bis zu sechs Jahre unterwegs. Für die Astronauten selbst würde die Reise sogar noch schneller verlaufen. Laut der Relativitätstheorie, die wir in einem späteren Kapitel kennen lernen, wären sie nur 1,2 Jahre unterwegs.

Alle Transportprobleme wären gelöst, wenn es gelänge, Raumschiffe mit Warp-Antrieb zu bauen. Mit Hilfe solcher Triebwerke erreichen die U.S.S. Enterprise und ihre Schwesterschiffe selbst entlegene Ecken des Weltalls und kehren trotzdem in eine Welt zurück, die kaum älter geworden ist. Schon

JUNG BLEIBEN MIT LICHT?

Die Relativitätstheorie sagt voraus, dass die Zeit in einem Raumschiff, das sich fast mit Lichtgeschwindigkeit von der Erde entfernt, langsamer abläuft als auf der Erde selbst. Ein Astronaut, der mit 99 Prozent der Lichtgeschwindigkeit zur Wega fliegt (25,3 Lichtjahre entfernt), würde die Strecke in 7,2 Jahren schaffen. Seine Kinder und die ganze Erdbevölkerung würden in dieser Zeit 25,5 Jahre älter werden. Mit superschnellen Reisen kann man also in die Zukunft springen, die persönliche Lebenszeit lässt sich dadurch allerdings nicht verlängern. Leider.

STEPHEN HAWKING

wurde berühmt, weil er trotz einer Muskellähmung sensationelle Theorien über den Anfang des Weltraums und die Verbindung von Relativitätstheorie und Quantenmechanik entwickelte. Wegen seiner Krankheit sitzt er im Rollstuhl und kann nur noch über einen Sprachcomputer mit der Außenwelt in Kontakt treten. Den Sprachcomputer steuert er mit Bewegungen seiner Pupillen. Seine Bücher »Eine kurze Geschichte der Zeit« und »Das Universum in der Nussschale « waren Bestseller.

Warp 1, die niedrigste Geschwindigkeitsstufe, entspricht der normalen Lichtgeschwindigkeit. Mit Warp 2 würde man achtmal so schnell wie das Licht durch den Raum rasen und mit Warp 9,999 (Warp 10 ist angeblich nicht erreichbar) wäre man sogar 200 000-mal so schnell wie das Licht und könnte, wenn man eine flotte Kurve hinlegt, einen alten Autofahrertraum verwirklichen: die eigenen Rücklichter im Spiegel sehen.

Trotzdem verstößt die Enterprise angeblich nicht gegen die Gesetze der Physik. Mit ihrem Warp-Antrieb, so die Idee des Enterprise-Erfinders Gene Roddenberry, bewegt sich die Enterprise nämlich nicht wie eine gewöhnliche Raumsonde durch das All. Dann könnte sie, genau wie Einstein sagte, niemals die Lichtgeschwindigkeit überwinden. Die Enterprise macht etwas anderes, sie verändert nicht ihr Tempo, sondern den Raum, den sie durchquert. Sie »krümmt« ihn. »To warp« heißt auf deutsch: »krümmen«.

Wer einmal versucht hat, den Raum zu krümmen, weiß, dass dies selbst mit einem sehr nahrhaften Frühstück und mehreren Gläsern Nuss-Nougat-Creme nicht zu schaffen ist. Ehrlicherweise muss man sagen, dass kein einziger Mensch bekannt ist, der jemals mit irgendeinem Hilfsmittel irgendeinen Raum im Universum gekrümmt hat. Allerdings wissen wir, dass tote Sterne und andere, sehr schwere Himmelskörper tatsächlich den Raum um sich herum krümmen können wie Gelee.

Außerdem gibt es einen Menschen, der wenigstens in Gedanken den Raum krümmen kann: der berühmte Physiker und Weltraumforscher Stephen Hawking. Er hat sich überlegt, wie der Warp-Antrieb funktionieren könnte, und hält es nicht für ausgeschlossen, dass einmal ein Raumschiff durch eine Art Raumzeittunnel, ein sogenanntes »Wurmloch«, von einer Ecke des Weltalls in sehr kurzer Zeit in eine andere springt. Wie ein solches »Wurmloch« aussieht und ob es so etwas überhaupt gibt, weiß niemand. Sicher ist, dass es mit den Löchern, die ein Wurm im Erdreich hinterlässt, nichts, aber auch gar nichts zu tun hat.

Um ein Wurmloch herzustellen, müsste ein Raumschiff den Raum laut Hawking »umgekehrt« krümmen: nicht nach »innen«, wie eine Kugel, sondern nach »außen«, wie ein Sattel. Dies könne mit Hilfe »negativer Energie« gelingen, die es laut der sogenannten Quantentheorie wenigstens theoretisch geben müsste. Im Moment ist sie allerdings noch an keiner Tankstelle des Universums erhältlich.

Hawkings Überlegungen sind bei vielen Astronomen sehr umstritten. Wie eine Reise in einem Wurmloch aussieht, kann und will sich niemand so recht vorstellen. Auch skeptische Astronomen geben allerdings zu, dass Hawking ein anerkannter Wissenschaftler und nicht irgendein Spinner ist. Seine Professorenstelle an der Universität Cambridge gehörte früher einmal Isaac Newton, er schrieb viele Aufsätze und wurde mit bedeutenden Preisen geehrt.

Hawking hält es für möglich, dass wir eines Tages durch ein Wurmloch in unsere eigene Vergangenheit zurückreisen könnten. Ein alter Traum der Menschheit ginge damit in Erfüllung: die Zeitreise. Der Physiker, der in seiner Jugend viele Sciencefiction-Romane las, weiß allerdings, dass Ausflüge in die Vergangenheit einige Probleme zur Folge hätten: So könnte ein Zeitreisender theoretisch seine eigenen Eltern ermorden und dadurch seine Geburt verhindern. Ein Mensch, der nie geboren wurde, würde auf diese Weise zum Mörder. Erstaunlich ist auch, dass bislang keine Zeittouristen aus der Zukunft zu uns gekommen sind und mit dreidimensionalen 200-Megapixel-Digicams Aufnahmen von uns machen. Wenigstens ein paar Gäste aus dem siebten Jahrtausend müssten sich doch für unsere Zeit interessieren. Solche Besucher aus der Zukunft könnten uns nützliche Tipps für den Bau von Warp-Antrieben geben oder uns wenigstens die Lottozahlen vom nächsten Samstag verraten.

Beam me up, Professor Zeilinger!

Der Enterprise-Serie verdanken wir noch eine weitere Reisemethode: das Beamen. Jedes Kind weiß, wie Beamen geht. Man stellt sich unter eine Art Duschkopf, löst sich in einer blinkenden Wolke auf und befindet sich plötzlich mitsamt seinen Phaser-Waffen auf der Oberfläche eines fremden Planeten. Dort warten schon grimmige Wesen mit Schweinenasen, die von einer bösen Schweinenasen-Prinzessin regiert werden. Das »Beamen« hat die Serie berühmt gemacht, dabei hat sich der Enterprise-Erfinder den Trick mit dem Beamen eigentlich nur ausgedacht, um die Kosten für die Serie zu senken. Die vielen Landemanöver hätten sonst mit Modellen und aufwändiger Tricktechnik gedreht werden müssen. Das wäre ziemlich teuer geworden.

Enterprise-Fans haben auf unzähligen Homepages und in Büchern erklärt, wie das Beamen funktioniert. »Die zu beamende Person wird in einen subatomar unverbundenen Materiestrom umgewandelt. Dieser Materiestrom wird zusammen mit der Information über den Quantenzustand der Per-

son an den Zielort gebeamt (englisch: to beam = strahlen), wo die Teilchen nach dem gespeicherten Muster wieder zusammengesetzt werden.« So steht es etwa auf der Seite www.star-voyager.de.

Übersetzt heißt das: Der Passagier wird beim Beamen in allerkleinste Teilchen zerlegt und am Ziel nach einem mitgeschickten Bauplan wieder zusammengebaut. Kann das funktionieren?

Unsere Erfahrung sagt uns, dass Dinge oder Informationen von einem Punkt der Welt nur mit Hilfe irgendeines Transportmittels zu einem anderen Punkt der Welt gelangen. Menschen, Tiere, Gegenstände können zum Beispiel in Autos, Flugzeugen oder auf Fahrrädern transportiert werden. Informationen lassen sich per Brief, per E-Mail oder durch lautes Rufen übermitteln. Immer ist ein Verkehrsmittel unterwegs, das die Informationen weiterträgt. Ein Postbote. Elektronen. Schallwellen.

Immer? Tatsächlich gibt es nach der Quantenphysik, die heute von allen ernsthaften Physikern akzeptiert wird, eine Verbindung zwischen zwei Orten, die ohne ein solches Transportmittel funktioniert. Das Verhalten des einen Teilchens kann direkt mit dem Verhalten eines anderen, weit entfernten Teilchens zusammenhängen, ohne dass ein Funkspruch oder auch nur ein Lichtsignal zwischen ihnen gewechselt wurde. »Spukhaft« nannte Albert Einstein diese Verbindung. Vorstellen kann man es sich so, als würde eine Münze auf dem Mond immer genau dann »Kopf« zeigen, wenn eine andere Münze auf der Erde »Zahl« zeigt. Zwischen beiden Münzen bestünde eine geheimnisvolle Verbindung, als wären sie durch Telepathie miteinander verbunden.

VOYAGER

Im Mai 2005 erreichte die Sonde Voyager I als erstes von Menschen gebautes Gerät die ferne Grenze unseres Sonnensystems. Erstaunlicherweise ist sie noch immer per Funk mit der Erde verbunden, allerdings dauert es inzwischen 13 Stunden, bis ein von der Bodenstation mit Lichtgeschwindigkeit abgesandtes Kommando den kleinen Vagabunden und die Schwestersonde Voyager 2 erreicht. Zum Vergleich: Bis zum Mars braucht das Licht 15 Minuten. An Bord der Sonde befinden sich zwei Platten mit Informationen über die Erde und ihre Bewohner.

Der Wiener Physiker Anton Zeilinger hat 1997 in einem Experiment gezeigt, dass sich über diese »spukhafte« Verbindung auch Nachrichten übertragen lassen. Er übertrug die Informationen über den Zustand eines Photons, also gewissermaßen seinen Bauplan, auf ein anderes, einige Kilometer entferntes Photon, ohne dass dabei ein Transportmittel eingesetzt wurde oder Zeit verging. Trotzdem war das zweite Photon mit dem ersten praktisch identisch. Der Beweis war erbracht: Man kann zumindest Informationen ohne Transportmittel an einen anderen Ort befördern. Wenn das »Beamen« bei Informationen funktioniert, könnte man dann nicht auch einen Menschen von einem Ort zum anderen beamen? Indem man ihn Teilchen für Teilchen auf die Reise schickt? Ihn »teleportiert«, wie Zeilinger es nennen würde.

Der Wissenschaftler schließt nicht aus, dass es in ferner Zukunft einmal möglich sein könnte, einen Menschen zu teleportieren. Bis dahin allerdings sind noch eine Menge Probleme zu lösen. Erstens würde beim Teleportieren nicht etwa eine Person von einem

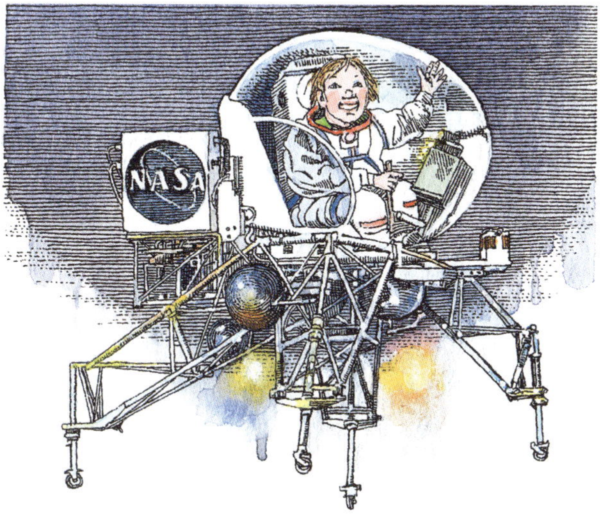

Ort zum anderen befördert, sondern es würden nur alle Informationen über die Atome dieser Person an andere Atome weitergegeben. Auf dem fernen Planeten stünde dann nicht der Passagier selbst, sondern nur eine exakte Kopie von ihm. Nachteil: Das Original bliebe am alten Ort und würde sich möglicherweise bei der Reiseleitung beschweren.

Zweitens besteht ein Mensch aus so vielen Atomen und kleinsten Teilchen, dass bei einer einzigen Teleportation unvorstellbar große Informationsmengen übertragen werden müssten. Würde man die menschlichen Daten auf CDs brennen und diese CDs aufeinanderlegen, dann bekäme man, wie Professor Zeilinger einmal ausgerechnet hat, einen Turm, der von der Erde bis zum Zentrum der Milchstraße reichen würde.

Wir müssen uns also damit abfinden, dass es noch einige Zeit dauern wird, bis Menschen unser Sonnensystem verlassen können. Es könnte sogar sein, dass die Menschen eher aussterben, als eine Reise in ein fremdes Sonnensystem zu unternehmen. Trotzdem macht es Spaß, über solche Reisen nachzudenken und sich vorzustellen, wie es wäre, auf einem fremden Planeten zu landen.

Warum fällt der Weltraum nicht auseinander?

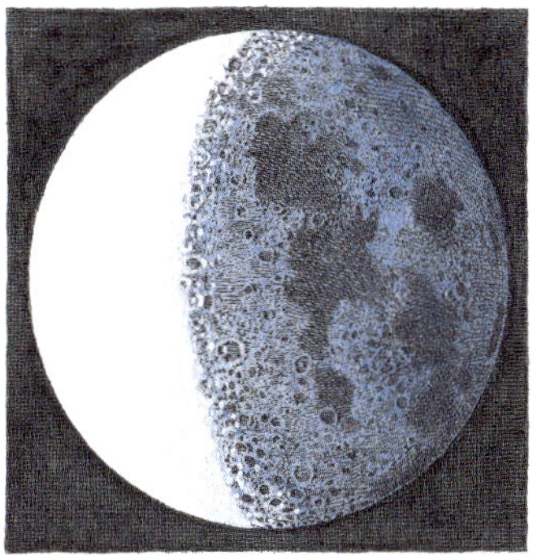

Würde man die Schwerkraft von einem Tag auf den anderen abstellen, wäre das für das gesamte Universum eine Katastrophe. Alles würde sich auflösen und durcheinanderfliegen. Die Schwerkraft sorgt nämlich dafür, dass Planeten und Sterne, aber auch die Sessel im Wohnzimmer an ihrem Platz bleiben. Frage ist allerdings: Wie macht die Schwerkraft das eigentlich? Wie zieht die Sonne an der Erde? Und die Erde an unseren Füßen?

Der geniale englische Physiker Isaac Newton hat zwar die Schwerkraft oder Gravitation, wie sie auch genannt wird, nicht erfunden, aber ihm gelang es vor über 300 Jahren als erstem Forscher, damit die Bewegung der Planeten um die Sonne zu erklären. Die Astronomen vor ihm, etwa Kepler und Kopernikus, hatten zwar die Bahnen der Planeten schon sehr genau beobachtet und konnten auch ihre Stellung im Sonnensystem zu jedem beliebigen Zeitpunkt genau berechnen, aber: Warum die Planeten überhaupt um die Sonne kreisen, wussten sie nicht.

Jeder, der schon mal in einem Karussell gefahren ist, weiß: Man muss sich gut festhalten, wenn's rund geht! Im Kettenkarussell halten nur die Ketten den eigenen Sitzplatz auf einer Kreisbahn. Alles, was nicht niet- und nagelfest ist, fliegt weg: das Schokoladeneis, das wir gerade noch schnell gekauft haben oder Opas lose sitzende Lesebrille, die er mal wieder vergessen hat abzunehmen.

Im Weltall aber gibt es keine Ketten und die Planeten müssten eigentlich wild durcheinander fliegen. Tatsächlich aber drehen sie brav ihre Bahnen um die Sonne. Isaac Newton erklärt uns, woran das liegt. Das Gesetz, das nach ihm benannt wurde, sagt: Zwei Körper ziehen sich gegenseitig an. Ob das die Erde und die Sonne oder die Erde und ein Fußball sind, ist völlig egal, das Gesetz gilt für jeden Körper. Nicht egal ist, wie viel die Körper wiegen. Je mehr Materie sie haben, umso stärker ist nämlich ihre Anziehungskraft. Das ist die erste wichtige Erkenntnis. Die zweite lautet: Die Stärke dieser Anziehungskraft hängt auch von der Entfernung der beiden Körper ab: Je weiter die Körper voneinander entfernt sind, desto kleiner ist die Schwerkraft und desto weniger merken sie voneinander.

Die Schwerkraft sorgt dafür, dass es im Weltraum ständig Zusammenstöße gibt. Kleine Asteroiden zum Beispiel werden von großen Planeten angezogen und knallen auf sie drauf. Das passiert jeden Tag. Es gibt allerdings auch Himmelskörper, die mit so viel Schwung angeflogen kommen, dass ihnen der Zusammenstoß erspart bleibt. Sie werden von der Schwerkraft größerer Himmelskörper eingefangen. Mit ihrem Schwung könnten sie eigentlich geradewegs weiterfliegen, doch die Schwerkraft hält sie an dem großen Bruder fest. So drehen sie sich im Kreis und werden Mond oder Planet.

Mit Hilfe der Newtonschen Gesetze kann man die Form der Planetenbahnen genau erklären und auch sagen, warum sie so und nicht anders aussehen. Newton konnte auch sagen, warum die Erde ein Jahr braucht, um einmal um die Sonne zu kreisen, während der Mars länger benötigt, nämlich fast zwei Jahre. Der Mars ist auf seiner Bahn weiter von der Sonne entfernt als die Erde, er läuft also auf der längeren Außenbahn. Aber nicht nur deswegen braucht er länger, er spürt auch die Anziehungskraft der Sonne schwächer als die Erde und bewegt sich nicht so schnell auf seiner Bahn wie die Erde auf ihrer, sonst würde ihn die Fliehkraft aus dem Sonnensystem schleudern. So wie unser Schokoladeneis, das wir im Karussell nicht festhalten konnten.

Newtons Gesetz beschreibt nicht nur die Auswirkung der Schwerkraft im Weltall, sondern auch auf der Erde. Die Wirkung der Schwerkraft der Erde ist für uns so selbstverständlich, dass wir sie kaum bewusst wahrnehmen, außer wenn der große Bruder plötzlich auf einer Bananenschale ausrutscht. Dann stürzt er nämlich zu Boden, weil die Erde ihn anzieht. Manchmal wünscht man sich, dass man die

TYCHO BRAHE

war ein berühmter und reicher dänischer Astronom. 1576 bekam er von König Frederick II. die Ostseeinsel Hven geschenkt und baute sich dort mit dem Geld des Königs eine Sternwarte. Brahe beobachtete die Bahnen der Planeten mit einer Genauigkeit wie niemand vor ihm. Und das, obwohl er nicht einmal ein Teleskop zur Verfügung hatte. Ohne seine Messungen hätten Kepler und Newton ihre Gesetze nicht gefunden. Als Student ließ sich Brahe einmal auf ein nächtliches Degenduell ein. Weil er betrunken war, verlor er dabei einen Teil seiner Nase.

AUF DEM MOND

Die Astronauten, die auf dem Mond gelandet sind und dort für ein paar Tage gearbeitet haben, hatten es relativ leicht: Schwere Instrumente konnten sie trotz des hohen Gewichts aus der Mondfähre ausladen und tragen. Es stellte sich allerdings heraus, dass das normale Gehen ziemlich schwierig ist, wenn man kaum etwas wiegt. Die Astronauten sprangen wie Kängurus umher.

Schwerkraft der Erde abschalten oder zumindest abschwächen könnte. Dann käme Jens Lehmanns Torwartabschlag näher ans gegnerische Tor, oder wir könnten einen neuen Weltrekord im Hochsprung aufstellen. Aber richtig freuen könnte man sich darüber nicht. Es wäre nur so eine Art Doping.

Trotzdem ist es eine interessante Erfahrung, schwerelos oder zumindest weniger schwer zu sein. Astronauten können uns von dieser Erfahrung erzählen. In einem Raumschiff, das um die Erde kreist, sind sie schwerelos. Wir sehen sie im Fernsehen, wie sie herumschweben und Kaspereien mit Saltos und schwebenden Bleistiften und Wassertropfen machen. Und wir fragen uns: Wieso geht das eigentlich? Die Internationale Raumstation kreist in nur 400 Kilometern Höhe um die Erde. Nach Newtons Schwerkraftgesetz ist die Entfernung viel zu gering, um die Schwerkraft der Erde merklich kleiner werden zu lassen. Also müssten die Astronauten eigentlich ungefähr so schwer sein wie wir und könnten auf der Seite der Raumstation laufen und sitzen und liegen, die der Erde zugewandt ist. Nun ist es aber so, dass die Raumstation und alles, was sich in ihr befindet, zwar von der Erde angezogen wird, doch diese Kraft wird durch die Fliehkraft wieder aufgehoben. Sie wirkt entgegengesetzt auf die Raumstation, die rasend schnell um die Erde kreist, einmal in eineinhalb Stunden. Den Effekt der Fliehkraft kennen wir aus dem Karussell.

Warum die Mond-Diät gemogelt wäre

Die Schwerelosigkeit in der Raumstation ist also nur gemogelt. Dass Newtons Gesetz trotzdem stimmt und auch auf anderen Himmelskörpern gilt, haben uns die amerikanischen Astronauten vor fast vierzig Jahren vorgeführt, als sie auf dem Mond hüpften wie auf einem Trampolin. Der Mond besteht zwar fast aus dem gleichen Material wie die Erde, wiegt aber nur ein Sechstel, also ist seine Anziehungskraft auf einen Menschen auch nur ein Sechstel so stark wie auf der Erde. Prima! Wenn die Musiklehrerin Frau Krempel mal wieder über ihr Übergewicht klagt, sollten wir sie gemeinsam mit ihrer Badezimmerwaage zum Mond schießen und – schwupp – wiegt sie nicht mehr 90 Kilo sondern nur noch 15. Klar, ist auch nur gemogelt, aber immerhin.

Die Astronauten haben auf dem Mond auch ein berühmtes Experiment nachgemacht, das von einer Milliarde Menschen im Fernsehen gesehen wurde. Galileo Galilei, ein berühmter italienischer Wissenschaftler, der vor Newton lebte, behauptete zum Beispiel, dass die Schwerkraft der Erde auf eine leichte Feder genauso stark wirke wie auf eine schwere Metallkugel. Beide Gegenstände müssten gleich schnell zur Erde fallen, wenn man sie loslässt.

Wer diese Behauptung auf der Erde testet, wird enttäuscht. Die Feder schwebt noch in der Luft, wenn uns die Kugel längst auf den Fuß gefallen ist. Aber Galilei war schlau. Er sagte, dass die Luft den Fall der Feder abbremst. Um das zu beweisen, machte er Fallversuche vom schiefen Turm in Pisa. Er ließ verschieden schwere Kugeln von oben herunterfallen und bemerkte, dass sie alle gleichzeitig unten auf dem Boden ankamen.

Der Kommandant der Apollo-15-Mondexpedition, David Scott, hatte es einfacher als Galilei. Der Mond besitzt keine Atmosphäre, es kann deshalb keine Luft den Fallversuch mit der Feder behindern. Für seinen Versuch nahm David Scott im Sommer 1971 extra eine Entenfeder mit auf den Mond. In einer Hand hielt er die Feder hoch, in der anderen einen schweren Hammer. Beide Gegenstände ließ er aus gleicher Höhe gleichzeitig fallen. Beide fielen gleich schnell (oder eher gleich langsam) zu Boden. Und trafen gleichzeitig auf. Was wohl Galilei zu dieser beeindruckenden Wiederholung seines Versuchs gesagt hätte? Hätte er ihn überhaupt vorm Fernseher verfolgt? Oder hätte er lieber einen anderen Versuch gemacht und in der Bibliothek ein Buch über das Weltall gelesen?

Bis jetzt haben wir uns bei der Anziehungskraft der Erde hauptsächlich damit beschäftigt, was mit kleineren Körpern passiert, einer Feder, einer Metallkugel oder Jens Lehmanns Fußball. Newtons Gesetz besagt aber, dass sich zwei Gegenstände gegenseitig anziehen. Eigentlich zieht also auch die Feder an unserer Erde. Die Erde lässt sich davon zum Glück nicht aus der Ruhe bringen. Auf Grund ihrer Schwere ist sie viel zu träge, um auf die Feder zu fallen. Da müssen schon andere, schwerere Kolosse kommen, um die Erde zu beeinflussen. Und sie müssten ihr viel näher kommen, da die Schwerkraft erst dann ausreichend stark wird.

DIE GEZEITEN

Weil sich die Erde in 24 Stunden einmal um sich selbst dreht, müssten die beiden vom Mond erzeugten Flutberge eigentlich alle zwölf Stunden an den Küsten ankommen. Tatsächlich dauert es aber 12 Stunden und 25 Minuten bis zur nächsten Flut. Das liegt daran, dass sich nicht nur die Erde unter dem Mond dreht, sondern dass auch der Mond sich jeden Tag ein wenig weiter um die Erde bewegt.

Tauchen unter dem Mondberg

Von der Erde aus gesehen ist unser Mond der nächste schwere Koloss. Man sollte denken, dass der Einfluss des Mondes auf die Erde klein ist. Oder hat schon mal jemand bemerkt, dass er vom Mond angezogen wird, wenn er oben auf einem Berg steht?

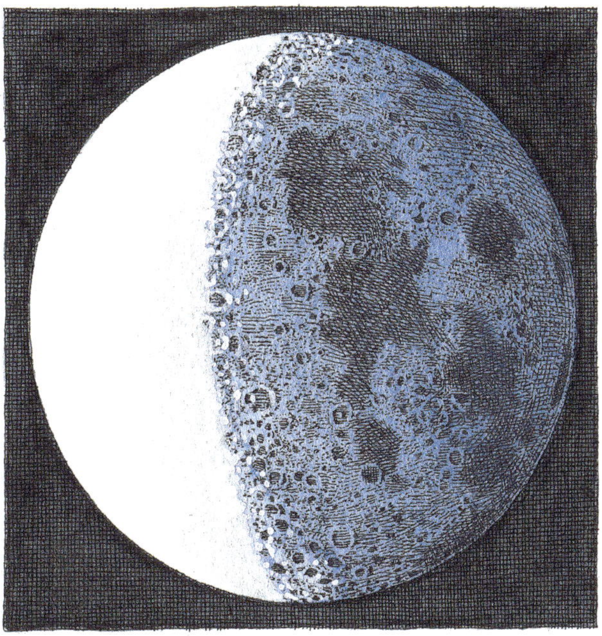

Mit Newtons Gravitationsgesetz kann man aber ausrechnen, dass die Anziehungskraft des Mondes auf der Erde durchaus vorhanden ist. Frau Krempel bringt ein hundertstel Gramm weniger auf die Waage, wenn der Mond hoch über ihr steht. Auf der Badezimmerwaage kann sie das leider nicht ablesen. Nicht einmal der Postbeamte könnte den Unterschied auf seiner Briefwaage feststellen.

Die Anziehungskraft des Mondes ist aber verantwortlich dafür, dass wir beim Strandspaziergang an der Nordsee manchmal ziemlich weit gehen müssen, um ans Wasser zu gelangen. Der Mond erzeugt auf der Erde Ebbe und Flut. Wenn er über unsere Ozeane zieht, türmt er unter sich das Wasser zu einem Flutberg auf. Der Berg ist nur etwa einen Meter hoch, trotzdem bemerken wir seine Auswirkungen an der Küste. Auch auf der gegenüber-

LANGE TAGE

Durch die Bremswirkung des Mondes verlangsamt sich allmählich die Erddrehung und die Tage werden länger. Weil das Jahr, das von der Umlaufbahn der Erde um die Sonne abhängt, sich nicht verändert, passen immer weniger Tage in ein Jahr hinein. Vor 400 Millionen Jahren hatte ein Jahr noch 400 Tage, und jede Stunde war fünf Minuten kürzer. (Allerdings gab es damals weder Kalender noch Uhr.)

liegenden Seite der Erde bildet sich ein Flutberg. Dort ist die Mondanziehungskraft am geringsten und der Ozean wölbt sich vom Mond weg. Weil sich die Erde innerhalb von 24 Stunden einmal um sich selbst dreht, taucht sie gewissermaßen unter diesen Flutbergen hindurch.

Für eine Stadt am Meer bedeutet dies, dass es pro Tag zweimal Ebbe und Flut gibt. Die Fischer müssen sich die Zeiten der Flut genau merken, weil sie mit ihren Booten bei Ebbe nicht aus ihren Häfen herauskommen. Nach dem Ablauf eines halben Tages kommt wieder ein Flutberg an der Stadt an. Wenn der Flutberg, der ja eigentlich nur einen Meter hoch ist, auf die Küsten und ihre Buchten trifft, staut er sich auf. In manchen Küstengegenden beträgt der Unterschied des Wasserstandes zwischen Ebbe und Flut deshalb mehr als zehn Meter.

Die beiden Flutberge, unter denen sich die Erde hindurchdreht, wirken wie gigantische Bremsbacken auf die rotierende Erde. Die Erde hat natürlich einen mächtigen Schwung und lässt sich nicht so leicht stoppen wie ein Fahrradreifen. Aber Wissenschaftler haben herausgefunden, dass sich die Rotationsgeschwindigkeit der Erde über die Jahrmillionen tatsächlich verlangsamt. Früher drehte sich die Erde schneller um sich selbst als heute. Die Tage waren kürzer, und es passten viel mehr davon in ein Jahr hinein. In Zukunft werden noch weniger Tage in ein Jahr passen, weshalb die Schulkinder in zweihundert Millionen Jahren nicht mehr so oft in die Schule gehen müssen wie heute. Allerdings würden sie, weil zugleich die Stunden länger werden, trotzdem noch genügend Zeit mit ihren Lehrern verbringen.

Nicht nur die Ozeane, auch die feste Erdkruste der Kontinente wird durch die Anziehungskraft des Mondes angehoben und abgesenkt. Allerdings ist der Unterschied sehr viel geringer als beim Meer, er beträgt nur etwa 30 Zentimeter. Trotzdem trägt auch dieser Effekt dazu bei, dass die Erde immer langsamer rotiert und die Tage immer länger werden.

Der Mond hat also mächtig viel Einfluss auf unsere Erde. Hat eventuell die Erde auch Einfluss auf den Mond? Ebbe und Flut gibt es auf dem Mond jedenfalls nicht, unser Begleiter ist eine völlig trockene Wüste. Aber die Erdanziehung wölbt, genau wie es der Mond bei der Erde macht, den Mondkörper auf und sorgt so für eine Abbremsung der Mondrotation. Die Erde hat dies in der Vergangenheit so wirkungsvoll getan, dass der Mond heute still steht: Er zeigt zur Erde hin immer das gleiche »Gesicht«. Die Astronomen bezeichnen dieses Verhalten des Mondes als »gebundene Rotation«. Erst seit der Entsendung von Mondsonden vor fast 50 Jahren wissen wir, wie es auf der Rückseite des Mondes aussieht.

DER KORALLENKALENDER

Korallen zeigen den Forschern, dass die Tage auf der Erde im Lauf von Jahrmillionen immer länger wurden. Die Meeresbewohner tragen, genau wie Bäume, Jahresringe. Weil sie außerdem pro Tag ein ganz bestimmtes Stück wachsen, entwickeln sie zusätzlich noch »Tagesringe«. So kann man ablesen, wie viele Tagesringe sich in einem Jahresring befinden.

Kann jemand klüger sein als Newton?

Wir haben jetzt gesehen, wie wichtig der geniale Einfall von Isaac Newton war. Sein Schwerkraftgesetz beschreibt genau die Bewegung der Körper im Universum, egal ob es sich um weit entfernte Sterne handelt oder um den von Jens Lehmann weggedroschenen Fußball. Genau dadurch zeichnen sich »gute« Naturgesetze aus: Sie beschreiben möglichst allgemein alle beobachteten Phänomene. Naturgesetze sind mathematische Formeln, die sich schlaue Menschen ausgedacht haben. Solange sie die von uns gemachten Beobachtungen in der Natur richtig beschreiben, brauchen wir uns keine weiteren Gedanken zu machen.

Es passiert aber immer wieder in der Geschichte der Naturwissenschaften, dass ein einmal als richtig geglaubtes Naturgesetz plötzlich umgestoßen wird. Oft macht jemand ein Experiment oder eine Beobachtung, die dieses Naturgesetz nicht richtig oder sogar überhaupt nicht erklären kann. Dann muss man ein neues Gesetz, eine neue Formel finden, die das Phänomen, aber auch alle anderen bis dahin gemachten Beobachtungen erklären kann. Auch Newtons Gesetz von der Schwerkraft ist es so ergangen. Plötzlich stellte man fest, dass es nicht alles erklären kann. Das heißt natürlich nicht, dass wir alles, was wir in diesem Kapitel gelesen haben, gleich wieder vergessen können.

Das Gesetz von Newton ist durch ein neues Gesetz ersetzt worden, die Allgemeine Relativitätstheorie von Albert Einstein. Was ist der Unterschied zwischen den beiden Gesetzen? Während Newton ein Gesetz gefunden hat, das die Wirkung der Schwerkraft beschreibt, hat sich Einstein darüber Gedanken gemacht, wie eigentlich diese Anziehung funktioniert. Zwei Körper, die sich gegenseitig anziehen, sind ja schließlich nicht durch eine gespannte Feder oder eine Eisenkette verbunden. Woher »weiß« der eine Körper überhaupt, dass ein anderer an ihm zieht? Einstein hatte eine revolutionäre Idee: Ein Körper »verbiegt« den Raum um sich herum und diese Verbiegung merkt ein zweiter Körper, der sich ihm nähert.

Was soll man sich unter einem verbogenen Raum vorstellen? Nicht mal die Physiker, die Einsteins Theorie verstehen und täglich damit umgehen, können sich das wirklich vorstellen. Sie machen deshalb gerne einen Vergleich. Eine Laus, die auf einem Trampolin herumläuft, sieht eine weite Ebene vor sich. Wenn wir nun irgendwo einen schweren Gegenstand, zum Beispiel die voll gepackte Schultasche, auf dieses Trampolin legen, hat die Laus immer noch das Gefühl, auf einer flachen Oberfläche zu krabbeln. Aber in Wirklichkeit ist diese Oberfläche schon leicht geneigt, und zwar in Richtung der schweren Schultasche, die eine Einsenkung in das Trampolin verursacht. Durch die Neigung scheint die Laus in Richtung der Schultasche gezogen zu werden.

Wenn wir die Schultasche durch die Sonne und die Laus durch die Erde ersetzen, dann haben wir eine Situation wie in unserem Sonnensystem. Die schwere Sonne verbiegt um sich herum den Raum, sie bildet eine Art Trichter. Die Erde merkt dies und will in Richtung Sonne, dem Zentrum dieses Trichters, hineinfallen. Nur durch ihre Bahnbewegung hat sie genügend Schwung, sich am Rande dieses Trichters zu bewegen und nicht hineinzufallen.

Was soll diese komische Vorstellung von der Verbiegung des Raums, wenn wir mit Newtons einfachem Gesetz eigentlich ganz gut gefahren sind? Der entscheidende Grund für Einsteins Theorie ist, dass sie Phänomene richtig vorhersagt, bei denen Newtons Gesetz versagt. Interessanterweise ist es erst viele Jahre nach Einsteins großer Entdeckung gelungen, solche Phänomene wirklich zu beobachten.

Die erste Beobachtung eines solchen Phänomens im Jahre 1919 war eine Sensation, die in allen Zeitungen auf der ersten Seite stand. Bei einer Sonnenfinsternis hatte man messen können, dass das Licht der Sterne, das nahe an der Sonne vorbei in ein Teleskop fiel, offenbar durch die Schwerkraft der Sonne abgelenkt worden war. Wie stark diese Ablenkung ist, war von Einsteins Allgemeiner Relativitätstheorie genau vorhergesagt worden, nicht aber von Newtons Theorie.

Diese Beobachtung war ein Triumph für Einstein. Er machte noch andere Vorhersagen, von denen er aber glaubte, dass man sie nie würde messen können, weil die Effekte so schwach sind, dass man sie nicht beobachten kann. Doch da hat er die Astronomen unterschätzt. Jahrzehnte später beobachteten sie zum Beispiel, dass Licht, das von Sternen mit hoher Schwerkraft ausgesandt wird, »ermüdet«, oder in den Worten der Physiker, Energie verliert. Einsteins Theorie sagt genau das vorher. Je genauer die Astronomen auch messen: Sie sehen, dass die Natur offenbar perfekt der Einstein'schen Theorie gehorcht. Bis heute hat diese Theorie jedem Test standgehalten. Alle möglichen Konkurrenz-Ideen von vielen schlauen Physikern sind dagegen an der Wirklichkeit gescheitert.

Der schrumpfende Zollstock

Die Theorie von Einstein macht noch eine weitere Vorhersage, von der man lange Zeit glaubte, man könne sie nie nachweisen, weil die Messinstrumente nie so empfindlich sein würden. Um diese Vorhersage zu verstehen, müssen wir wieder an das

Trampolin denken. Angenommen, wir könnten die Musiklehrerin Frau Krempel und den Erdkundelehrer Herrn Brom dazu überreden, sich ganz ruhig auf das Trampolin zu stellen. Dann lassen wir eine Maus über das Trampolin laufen. Frau Krempel fängt an, wie wild auf- und abzuspringen, da sie Mäuse überhaupt nicht mag. Herr Brom dagegen

bleibt cool. Trotzdem kann er sich nicht dagegen wehren: Er fängt unwillkürlich an, ebenfalls auf und ab zu hüpfen, nur weil seine Kollegin das Trampolin-Tuch in Bewegung versetzt.

Genauso kann man sich die Entstehung von Schwerkraftwellen (auch Gravitationswellen genannt) vorstellen. Solange ein Stern stillsteht, verbiegt er zwar den Raum um sich herum, aber diese Verbiegung verändert sich nicht. Nun können wir einen Stern kaum dazu überreden, auf und ab zu hüpfen wie Frau Krempel, aber die Natur macht das manchmal von selbst. Es gibt sogenannte Doppelsterne, das sind zwei Sterne, die sich gegenseitig umkreisen. Durch ihre Kreisbewegung verbiegen sie den Raum um sich herum ständig hin und her. Diese Änderung der Raumkrümmung breitet sich komischerweise im gesamten Weltraum aus: Ähnlich wie Herr Brom die Bewegung seiner Kollegin über das Trampolintuch bemerkt, so können wir auch die Veränderungen der Raumbiegung durch die bewegten Sterne auf der Erde spüren und messen. Diese Veränderungen breiten sich im Weltall ähnlich aus wie Wasserwellen, die entstehen, wenn wir einen Stein in den Teich werfen. Aus diesem Grunde spricht man von Gravitationswellen.

Wenn eine Gravitationswelle aus dem Universum auf der Erde eintrifft, verbiegt sie den Raum so, dass ein Lineal plötzlich kürzer und wieder länger wird. Zum Glück braucht niemand Angst zu haben, dass sein Zollstock dann nicht mehr richtig misst: Die Längenänderung ist unvorstellbar klein. Wir können versuchen, uns klar zu machen, wie klein diese Änderung ist, wenn wir einen Zollstock nehmen würden, der von der Erde bis zur Sonne reicht. Dieser Stock würde seine Länge beim Durchgang einer Gravitationswelle um nur einen Atomdurchmesser ändern! Und Atome sind enorm klein.

Es ist klar, dass man so etwas nicht leicht messen kann. In zahlreichen Laboren arbeiten Physiker daran, superempfindliche Messinstrumente zu bauen, um Längenänderungen durch Gravitationswellen zu finden. Bisher ist es noch nicht gelungen, eine Gravitationswelle zu messen, aber die Physiker sind zuversichtlich, dass sie es in den nächsten Jahren schaffen werden.

Es wird wohl noch eine Zeit dauern und viel Geld kosten, bis die ersten Gravitationswellen nachgewiesen sind. Aber schon jetzt zweifelt kein ernsthafter Wissenschaftler daran, dass es sie gibt. Astronomen haben nämlich Beobachtungen gemacht, die einen indirekten Hinweis auf Wellen liefern.

Einige Jahre lang beobachteten die amerikanischen Astronomen Russell Hulse und Joseph Taylor ein sehr exotisches Doppelsternsystem. Es besteht aus zwei kleinen, aber extrem schweren Sternen,

GRAVITIONSWELLEN MESSEN

Auf einem Acker in der Nähe von Hannover versuchen deutsche Wissenschaftler seit 1995, Gravitationswellen nachzuweisen. Mit dem Experiment GEO600 wollen sie die Auswirkungen von Gravitationswellen an 600 Meter langen Zollstöcken messen. Diese Zollstöcke sind allerdings nicht aus Holz mit eingeritzten Teilstrichen. Sie bestehen aus Laserstrahlen, mit denen man Längenänderungen sehr viel genauer messen kann. Man kann mit ihnen die Brandung einer Nordseewelle in über 200 Kilometern Entfernung registrieren.

RUSSELL A. HULSE JOSEPH H. TAYLOR

die sehr eng umeinander kreisen. Sie konnten feststellen, dass die Zeit, die diese beiden sogenannten Neutronensterne für einen Umlauf brauchen, immer kürzer wird. Das bedeutet, dass sie sich auf einer immer enger werdenden Umlaufbahn umeinander befinden, sie kommen sich immer näher, weil sie, wie die Physiker sagen, an Energie verlieren. Nach Newtons Theorie sollten die beiden Sterne ewig auf der immer gleichen Bahn umeinander kreisen. Nach Einsteins Allgemeiner Relativitätstheorie hingegen müssen sich die Sterne annähern. Weil sie beide ständig den Raum um sich verbiegen, leisten sie handfeste Arbeit und verbrauchen Energie. So kommen sie sich immer näher. Die Astronomen Russell Hulse und Joseph Taylor haben für diesen indirekten Nachweis von Gravitationswellen im Jahr 1993 den Physik-Nobelpreis bekommen.

Wenn schon fast alle Wissenschaftler glauben, dass es Gravitationswellen gibt, warum macht man dann überhaupt noch teure und schwierige Experimente, um sie direkt nachzuweisen? Möglicherweise hängt das mit einer kleinen Schwäche vieler Naturwissenschaftler zusammen. Sie denken: Wenn schon der indirekte Nachweis von Gravitationswellen den Nobelpreis bringt, dann wird der direkte Nachweis erst recht damit belohnt werden. Vom Nobelpreis träumen aber so ziemlich alle Wissenschaftler. Nobelpreisträger werden in der Tagesschau erwähnt. Sie kommen auf die Titelseiten aller Zeitungen. Und bei der Preisverleihung in Stockholm haben sie sogar einen eigenen Diener.

Warum leuchtet das Universum?

Von fern sehen sie friedlich aus, die Sterne, die dem Weltraum sein Licht geben. Doch wehe, man kommt ihnen zu nahe! Dann zeigen sie sich als feuerspeiende Höllenmaschinen, die mit gigantischen Explosionen alles Leben in weitem Umkreis auslöschen können. Allerdings: Ohne Sterne gäbe es überhaupt kein Leben. Nicht ein einziger Planet würde existieren, kein Mond, kein Komet.

Nur wenige Leute wissen, dass es zwischen dem Zimmer eines zehn Jahre alten Kindes und dem Weltraum eine Gemeinsamkeit gibt. Die Gemeinsamkeit ist, dass man in beiden Räumen viel Erfahrung braucht und große Kenntnisse, um sich zurecht zu finden. Nur Dummköpfe betreten ein Kinderzimmer und denken: »Was ist denn das für ein Durcheinander hier!« Kluge Besucher wissen, dass hinter dem Durcheinander ein System steckt. Ein System, das so genial ist, dass auch die klügsten Wissenschaftler der Welt es noch nicht ganz verstanden haben. Genau wie beim Weltraum.

Es gibt allerdings auch ein paar Unterschiede zwischen den Kinderzimmern auf der Erde und dem Weltraum. Die Zimmer von Jungs oder

Mädchen sind meistens ziemlich gut gefüllt, so gut, dass manchmal kaum noch die Bewohner reinpassen. Das ist im Weltraum anders. All die gigantischen Himmelskörper, die Milliarden Sterne der Galaxien und Galaxienhaufen, füllen ihn nur zu etwa 0,000000000000000000000000000001 Prozent aus. Der ganze Rest ist leer oder enthält nichts, was wir sehen oder berühren können. Ein Kinderzimmer, das so gefüllt wäre wie der Weltraum, käme uns völlig leer vor. Alle Dinge darin würden zusammen nicht so viel Raum einnehmen wie ein winzig kleines Stück eines winzig kleinen Staubteilchens, das durch die Luft schwebt.

Es gibt noch einen großen Unterschied zwischen dem Zimmer und dem Universum: Die Gegenstände im Zimmer, die Dinosaurierfiguren, die Autorennbahn und die Stofftiere, sind nicht im Zimmer entstanden. Sie wurden von jemandem hineingetan. Auch bewegen sie sich nicht von selbst. Das Tagebuch eines Mädchens, das nach einer langen Suchaktion unter dem Bett des kleinen, neugierigen Bruders gefunden wird: Es ist dort nicht einfach hingeflogen, auch wenn der Bruder diese Ansicht vertritt. Es wurde bewegt.

Ganz anders im Weltraum. Alles, was sich hier aufhält, ist auch hier entstanden. Und alles, was es hier gibt, war schon von Anfang an da. Der Stoff (die Wissenschaftler nennen es Materie) für die unzähligen Galaxien, von denen wir heute wissen, stammt aus der Zeit kurz nach dem Beginn des Universums. Obwohl ständig Galaxien vergehen und neue entstehen und obwohl sich der Weltraum mit großer Geschwindigkeit ausdehnt, kommt keine neue Materie hinzu. Das Universum muss mit dem auskommen, was es am Anfang mitbekommen hat.

Trotzdem kann man die Frage stellen, was passieren würde, wenn man noch eine weitere Galaxie hinzutut. Platzt dann das Universum wie ein Luftballon? Oder bekommt es hinten links eine Beule? Tatsächlich würde weder das eine noch das andere passieren. Im endlos leeren Raum des Universums ist genügend Platz für jede Menge weiterer Sterne und Galaxien. Auch die Extraportion Schwerkraft, die eine weitere Galaxie um sich verbreitet, würde man in den anderen Galaxien nicht bemerken. Kein Ruck ginge durch das All, unbeeindruckt würden die Galaxien und Sterne, Planeten und Kometen weiter ihre Kreise drehen.

Kreise? Drehen? Auch das ist ja ein großer Unterschied zum Kinderzimmer. Die Himmelskörper bewegen sich, obwohl sie keinen Motor haben und obwohl sie niemand anschubst. Das ist etwas, was wir uns merken müssen. Asteroide, Planeten, Monde, Sterne: Alle diese Himmelskörper stehen niemals still, sie sind immer in Aktion, rotieren, drehen sich umeinander, kurven in großen oder kleinen, platten oder runden Kreisen umher. Zusätzlich fliegen die allermeisten Himmelskörper auch noch in Galaxien mit, in riesigen Sternenhaufen, die andere Himmelskörper wie Treibgut einsammeln. Und auch die Galaxien rotieren.

Wann schlafen Sterne?

Der riesige Weltraum ist also voller Bewegung. Alles, was sich dort befindet, ist ständig unterwegs, dreht sich und rast in der Gegend herum. Einmal angetrieben von der Schwerkraft können die Himmelskörper nicht mehr aufhören mit Drehen. Nichts hält

sie auf, kein Gegenwind, keine Steigung, kein klebriger Asphalt. Trotzdem wirken die Sterne, wenn wir nachts in den Himmel schauen, ruhig und unbewegt, als würden sie schlafen. Sogar der Mond scheint still zu stehen, obwohl er in jeder Sekunde einen Kilometer zurücklegt. Wie kann das sein? Sind wir blind für Sternenbewegungen? Sehen wir nicht, wie die Himmelskörper inklusive unseres eigenen Planeten durchs All rasen? Haben wir an unserem Himmelsfernseher aus Versehen die Stopptaste gedrückt?

Keineswegs. Der Grund für die seltsame Ruhe ist ganz einfach: Die Sterne und selbst der Mond sind so weit von uns entfernt, dass wir ihre Bewegung mit bloßem Auge nicht sehen. Nur deshalb wirken sie so still. Es ist wie bei einem Düsenjet. Wenn er

SONNENWIND UND POLARLICHT

Unser eigener Stern, die Sonne, strahlt nicht nur Licht und Wärme zur Erde. Sie schickt auch ständig riesige Mengen kleinster, elektrisch aufgeladener Teilchen ins All, den Sonnenwind. Dieser Sonnenwind kann auf kleineren Planeten die komplette Atmosphäre wegblasen. Dank ihres Magnetfelds ist die Erde vor dem Sonnenwind aber gut geschützt. Nur ab und zu dringen sie in die Atmosphäre ein und erzeugen Polarlichter.

in einem Meter Abstand vor unserer Nase vorbeiflöge, käme uns das wahnsinnig schnell vor, doch je weiter entfernt er ist, desto langsamer wirkt er. Oben, am Himmel können wir den schnellsten Überschalljäger bequem mit den Augen verfolgen, und würde er auf Höhe des Mondes kreuzen, stünde er praktisch still.

Wenn wir die Sterne in einer klaren Nacht von fern betrachten, dann sehen wir sie manchmal flackern und funkeln, als wollten sie uns auf unserer kleinen Erde ein bisschen zuzwinkern. So schön ist das Funkeln am Himmel anzuschauen, dass man am liebsten zurückzwinkern würde. Doch leider: Es sind nicht die Sterne, die funkeln. Für das Funkeln sorgt die Atmosphäre der Erde. Sie schüttelt das Licht der Sterne, wenn es nach seiner langen Reise auf dem Planeten ankommt, kräftig durch. So viele unterschiedlich dichte und bewegte Luftschichten muss das Sternenlicht auf den letzten 100 Kilometern passieren, dass es ins Flackern gerät.

Von fern sehen die Sterne wunderschön aus, doch könnten wir uns einem Stern mit einem Raumschiff nähern, würden wir uns bald entsetzt die Augen reiben. Nie wieder könnten wir das Lied »Weißt du, wie viel Sternlein stehen?« singen, obwohl wir es mit der Musiklehrerin Frau Krempel mindestens siebenunddreißigmal üben mussten. Denn vor unseren Augen würde sich der sanfte kleine Lichtpunkt, der so unschuldig am Himmel steht, allmählich in einen tobenden Höllenschlund verwandeln, einen brodelnden, fauchenden Glutofen, dem riesige schwarze Flecken wachsen. Heiße feurige Gasschwaden bläst er Hunderttausende von Kilometern in seine Umgebung, und er schickt einen mächtigen Sternwind ins Universum. Ein Stern ist ein gieriges Monster,

das alles verschlingt, was sich ihm nähert. Unglaublich, wie solch ein gefräßiger Feuerball auf der Erde einen so guten Eindruck hinterlassen kann.

Schleunigst würden wir unser Raumschiff wenden, um diesem gierigen Feuerball zu entkommen, und uns nach anderen, freundlicheren Himmelskörpern umschauen: nach Planeten. Doch auch die lassen sich einiges an Spektakeln einfallen. Mächtige Schwefelwolken ziehen über ihre Oberfläche, Sandstürme toben, Vulkane brechen aus und spucken zähflüssige Lavamassen in ihre Umgebung, an den Polen gefriert oder schmilzt Wasser. Bei Planeten wie der Erde türmt sich das Wasser sogar regelmäßig zu Flutbergen auf.

Die Erde ist einer von den Planeten, die sich im Alter sehr verändern. In ihrer Jugend war sie ein großer feuriger Ball, der täglich von unzähligen kleinen Brocken aus dem Weltraum bombardiert wurde. Später kühlte sie ab und legte sich eine feste Kruste zu.

In diesem Kapitel beschäftigen wir uns als Erstes mit den Himmelskörpern, die wir am besten kennen. Es sind diejenigen, die wir sehen können, weil sie leuchten: die Sterne. Mit bloßen Augen können wir nur ein paar tausend von ihnen beobachten, das sind die Sterne, die zu unserer eigenen Galaxie, der Milchstraße, gehören. Doch gibt es jenseits der

TELESKOPE

Mit Teleskopen kann man auch von sehr weit entfernten Sternen noch Licht einsammeln. Moderne Teleskope registrieren nicht nur Lichtimpulse aus dem Weltraum. Sie empfangen und analysieren auch Radio- und Röntgensignale.

Milchstraße noch unendlich viele andere Sterne in anderen Galaxien. Um sie zu sehen, brauchen wir Teleskope.

Außer den Sternen gibt es noch eine Menge anderer Himmelskörper, die auf regelmäßigen, manchmal auch ziemlich abenteuerlichen Bahnen durchs All reisen: Planeten, Monde, Asteroiden, Kometen. Sie haben eines gemeinsam: Zu sehen sind sie nur, weil ein Stern sie anstrahlt, ohne ihn lägen sie im Dunkeln. Wir werden am Ende des Kapitels testen, ob wir ein paar von ihnen besuchen können.

Warum schmeckt der Kuchen nach Galaxie?

Warum leuchten Sterne? Um eine Antwort auf diese Frage zu bekommen, müssen wir einen Blick auf das Baumaterial werfen, aus dem sie bestehen. Unter Baumaterial stellen wir uns üblicherweise Dinge vor wie Zement, Beton und Ziegel, mit denen Architekten und Maurer ein Haus bauen. Aber im Weltraum liegt nirgendwo ein Haufen mit roten Ziegeln und Holzbalken in der Ecke herum. Die riesigen und hochkomplizierten Bauten des Universums hat kein Maurer gebaut und kein Architekt geplant. Die Himmelskörper haben sich selbst zusammengebaut, ihr Baumaterial sind die Elemente.

Elemente? Was ist das? Sind das so eine Art Legosteine in groß? Nicht ganz. Stellen wir uns etwas vor, das die meisten Kinder einigermaßen gut kennen: einen Kuchen. Er besteht aus Zutaten wie Mehl, Eier, Butter, Zucker und Backpulver. Rührt man die Zutaten zusammen und backt sie in einem Ofen, kommt etwas ganz Neues heraus, etwas, das viel besser schmeckt als die Dinge, aus denen es besteht. Jeder, der einmal Mehl, Eier, Butter, Zucker und Backpulver nacheinander gegessen hat, wird das bestätigen.

ELEMENTE

Wenn ein Chemiker einen Stoff gefunden hat, der nicht aus anderen zusammengesetzt ist, spricht er von einem Element. Gold, Blei und Eisen sind Elemente. Wasser dagegen ist kein Element. Es besteht aus den Elementen Wasserstoff und Sauerstoff.

Wichtig ist nun, dass auch die Zutaten für einen Kuchen, Mehl, Eier oder Zucker, nur zusammengesetzt sind. Zucker zum Beispiel besteht aus drei verschiedenen Zutaten namens Wasserstoff, Sauerstoff und Kohlenstoff. Genau wie beim Kuchen haben diese Zutaten mit dem, was bei ihrer Verbindung herauskommt, nicht viel zu tun. Wer die Zutaten von Zucker nacheinander verspeisen wollte, bekäme sogar mächtige Probleme: Kohlenstoff kennen wir hauptsächlich als Ruß, und es schmeckt entspre-

chend. Sauerstoff ist ein Gas, das wir einatmen. Und Wasserstoff pur taucht auf der Erde praktisch nicht auf. Im Zucker haben sich diese drei Stoffe so raffiniert zusammengetan, dass sie etwas völlig Neues zustande gebracht haben: Etwas, das süß schmeckt. Interessant für uns ist, dass die drei Zutaten von Zucker selbst nicht mehr aus Zutaten bestehen. Es gibt keine Stoffe auf der Welt, die man zusammenbringen könnte, um Wasserstoff zu erhalten. Wasserstoff ist einer von den Stoffen, aus denen andere Stoffe zusammengesetzt sind. Es ist ein Element.

Und was für eins! Wenn im Weltraum die großen Himmelskörper entstehen, dann ist Wasserstoff fast immer beteiligt. Dieses Element ist ein Alleskönner. Es ist das häufigste und leichteste Element der Welt und zugleich das einfachste, denn es besteht, wenn man seine kleinsten Bestandteile anschaut, nur aus einem Atomkern und einem Elektron.

DIE STERNLESGUCKER

Die meisten Babies wenden, wenn sie aus dem Bauch herauskommen, das Gesicht nach hinten zum Po der Mutter. Manche aber schauen auch nach vorn. Diese Kinder werden im schwäbischen Dialekt Sternlesgucker genannt.

Zu Anfang gab es im All fast nur Wasserstoff. Er war ganz gleichmäßig im Kosmos verteilt, begann aber allmählich damit, sich in bestimmten Gegenden zu verdichten. Wie Nebelwolken kann man sich das vorstellen, die sich im leeren All zu ersten Gebilden formten. Die Schwerkraft sorgte dafür, dass diese Gebilde immer dichter wurden: Die kleinen Teile flogen aufeinander zu, sammelten wie Schneebälle immer neue Teile ein und fingen dabei an, sich zu drehen. Anders als Schneebälle, die einen Berg hinunterrollen, hörten die ersten Himmelskörper nicht mehr auf, sich zu drehen. Der Grund: Im Weltraum ist nichts da, was sie stoppen könnte, nichts, woran sie sich reiben. So bewegt sich alles, was einmal ins Fliegen oder Drehen gekommen ist, unentwegt weiter. Überall bildeten sich deshalb rotierende Gaskugeln, die mit ihrer Schwerkraft gierig weitere Materie aus der Umgebung heransaugten.

Die Sterne sind die auffälligsten unter den Himmelskörpern. Man findet sie in riesigen Gemeinschaften, den Galaxien, über das gesamte Universum verteilt. Wie Kraftwerke versorgen sie die Planetengesellschaften um sie herum mit Energie und Anziehungskraft. Würden die Sterne und ihre gigantische Schwerkraft verschwinden, müssten die Planeten haltlos durch das All trudeln. Alles wäre dunkel und kalt. Auf keinem einzigen Planeten gäbe es auch nur das kleinste bisschen Leben. Doch stellen die Sterne nicht nur die Energie für die Planeten zur Verfügung, sie liefern auch das Material für ihren Bau. Ein so hübscher und abwechslungsreicher Planet wie die Erde besteht nicht nur aus Wasserstoff, sondern aus vielen anderen Elementen. All diese Elemente wurden im Lauf von Millionen Jahren in Sternen erzeugt. Jede Pflanze, jedes Tier, jeder Mensch auf der Erde besteht aus Atomen, die vor langer Zeit ein Stern gemacht hat. Alle miteinander sind wir Sternenkinder.

DIE NAMEN DER GALAXIEN

Nur wenige Galaxien tragen richtige Namen wie »Milchstraße« oder »Andromeda-Nebel«. Die meisten sind nur mit Buchstaben und Zahlen in astronomischen Katalogen vertreten. Gut fünfzig Galaxien tragen den Buchstaben »M«, sie stammen aus einem Katalog, den der Franzose Charles Messier im 18. Jahrhundert einführte. Die meisten Galaxien aber beginnen mit den Buchstaben NGC. Sie gehören zum »New General Catalogue«, den der Däne John Louis Emil Dreyer ein Jahrhundert später begründete.

Worauf die Sonne Hunger hat

Wer so wichtig ist wie ein Stern, der bringt auch ordentlich was auf die Waage. 1 989 000 000 000 000 000 000 000 000 000 Kilogramm wiegt unser Stern, die Sonne, das ist so viel, dass man es kaum in eine Zeile schreiben kann. Mit so einer dicken Kugel können die acht Planeten und die anderen Mitglieder unseres Sonnensystems, etwa die Monde und Asteroiden und Kometen, nicht konkurrieren. Verglichen mit der Sonne sind sie Winzlinge, bringen zusammen gerade mal 0,1 Prozent des Gewichts der Sonne auf. Soviel Masse für einen einzigen Stern: Ist das nötig?

Der Physiker Albert Einstein hat im Jahr 1905 behauptet, dass Licht, Energie und Masse im Weltraum zusammenhängen und dass man ihr Verhältnis ganz einfach mit der Formel $E=mc^2$ beschreiben kann. Diese Formel ist bislang nicht widerlegt worden, und so gehen alle Wissenschaftler davon aus, dass sie das Geschehen im All richtig beschreibt. Auch Kinder, die ihre Mathehefte lieber mit Manga-Comics als mit Zahlen füllen, können diese sensationell einfache Formel verstehen: Je größer »m« ist, also die Masse, desto größer ist auch »E«, die Energie. (Weil »c«, die Lichtgeschwindigkeit, immer

DIE GRÖSSTEN STERNE

Weil es so unfassbar viele Sterne gibt, können die Astronomen nicht sagen, welcher Stern der dickste von allen ist. Unter den bekannten liegt Eta Carinae mit 100 Sonnenmassen ziemlich weit oben im Sternen-Ranking. Es ist der hellste Stern am Himmel. Noch schwerer sind Pistol Star und LBV 1806-20. Beide wiegen etwa hundertfünfzigmal so viel wie die Sonne. Nach den neuesten Erkenntnissen der Wissenschaftler bilden hundertfünfzig Sonnenmassen die obere Grenze für Sterne. Schwerere Sterne schrumpfen bald wieder auf diese Größe hinunter.

gleich groß ist, spielt sie in diesem Fall keine Rolle.) Einsteins Gleichung sagt: viel Masse bedeutet viel Energie, wenig Masse bedeutet wenig Energie. Damit ist klar, warum die Sterne so schwer sein müssen. Nur wenn sie richtig massig sind, können sie auch viel Masse in Energie umwandeln und diese Energie bei ihren Kunden, den Planeten, abliefern.

Der Trick, der die Sterne zum Leuchten bringt, nennt sich Kernfusion. Es ist ein Trick, den auch die Kernkraftwerksbesitzer auf der Erde gern drauf hätten. Mit Hilfe der Kernfusion könnten sie jede Menge Kilowattstunden verkaufen und müssten weder Öl noch Gas noch Kohle verfeuern. Vereinfacht erklärt funktioniert die Kernfusion so: Im Inneren der Sterne, da, wo ihre ganze ungeheure Masse zusammengedrückt wird, herrschen unglaubliche Zustände. Der Druck ist so extrem und die Hitze ist so groß, dass der Erdkundelehrer Herr Brom, wenn er aus Versehen dort hingezaubert werden würde, auf der Stelle verschwunden wäre und in seine allerwinzigsten Bestandteile zerlegt. Zum Glück bestehen aktive Sterne nicht aus hingezauberten Erdkundelehrern, sondern aus dem Element Wasserstoff, unserem alten Bekannten aus dem Zucker. Doch auch Wasserstoff kann die extremen Verhältnisse im Inneren eines Sterns nicht aushalten: Er wird in seine atomaren Bestandteile, Atomkerne und Elektronen, zerlegt.

Wenn das passiert, ist es um den Wasserstoff geschehen. Seine Atomkerne suchen sich nämlich neue Partner, sie gehen »fusionieren«. Das heißt: Die Kerne tun sich zu einem neuen und schwereren Atom zusammen. In der Sonne sind es jeweils vier Wasserstoffatome, die gemeinsam ein Heliumatom

DAS LEUCHTEN FERNER STERNE

Obwohl das Licht im leeren Weltraum durch nichts aufgehalten wird (von ein paar Staubwolken einmal abgesehen), leuchten ferne Sterne am Nachthimmel schwächer als nahe. Warum? Tatsächlich geht im All keine Leuchtkraft verloren. Auch von den fernsten Sternen des sichtbaren Universums erhalten wir noch Lichtsignale. Doch verstreuen alle Sterne ihr Licht ungefähr so wie ein Rasensprenger sein Wasser. Je näher man ihm steht, desto mehr Nass kriegt man ab.

erzeugen. Weil vier Wasserstoffatome ein bisschen mehr wiegen als ein einziges Heliumatom, bleibt bei jeder Fusion etwas Masse übrig. Und weil in jeder Sekunde in einem Stern nicht eine, sondern megagigaprontoviele Fusionen stattfinden, bleibt auch megagigaprontoviel Masse übrig und die wird schnurstracks in Energie, genauer gesagt: in Strahlung umgewandelt. In megagigaprontoviel Strahlung.

Noch vor 200 Jahren gab es Wissenschaftler, die dachten, dass die Sonne so eine Art Ofen ist, in dem Kohle verfeuert wird wie in einem gemütlichen alten Kachelofen. Aber natürlich gibt es auf der Sonne keinen Kohlenkeller, sondern fast nur Wasserstoff

und Helium. Mit diesen beiden Elementen und noch ein paar anderen muss die Sonne auskommen. Das ist ihr Brennstoff. Sie kann das, weil sie kein alter Ofen, sondern ein supermodernes Kraftwerk ist. Ein Kraftwerk, das man (in Miniaturausführung,

versteht sich) gern auf der Erde zur Verfügung hätte. Damit wären nämlich so ziemlich alle unsere Energieprobleme mit einem Schlag gelöst.

Das Problem ist, dass man auf der Erde nicht so einfach die Hitze und den Druck herstellen kann, der nötig ist, um Kernfusionen in Gang zu bringen. So viel Druck und Hitze herrschen nicht einmal in der Mitte unseres Planeten. Trotzdem arbeiten heute viele Forschungsgruppen an einem Fusionsreaktor. In zwanzig bis dreißig Jahren soll nahe der französischen Stadt Cadarache ein Fusionsreaktor zum ersten Mal Energie erzeugen. Er wäre wie eine kleine Sonne auf Erden. Eine Sonne, die natürlich nicht nach außen strahlen darf: Falls die Bewohner von Cadarache nach dem Start des Reaktors plötzlich zwei Schatten werfen, waren die Forscher etwas zu erfolgreich.

Bei dem Trick mit der Kernfusion entsteht nicht nur jede Menge Licht und Energie, es entstehen auch neue Elemente. Vor allem Helium, das Element, das nach dem Wasserstoff im Weltraum am häufigsten vorkommt. Es verhält sich anders als Wasserstoff, weil es in seinen kleinsten Bestandteilen, den Atomen und Elektronen, anders aufgebaut ist. Ein Stern kann aber noch viel mehr neue und interessante Elemente herstellen. Allerdings muss er dafür ein kleines Opfer bringen: sich selbst.

NAHE STERNE

In einer Umgebung von 1000 Lichtjahren berechnet man den Abstand eines Sterns von der Erde mit Hilfe der Winkelgeometrie. Man peilt die Sterne im Abstand von einem halben Jahr an, wenn die Erde die äußersten Punkte ihrer Umlaufbahn erreicht. Mit Hilfe der beiden Winkel und dem Durchmesser der Erdumlaufbahn kann man den Abstand ausrechnen.

Wenn die Sonne alle ist

> **FERNE STERNE**
>
> **Um den Abstand zu weit entfernten Sternen oder Galaxien zu ermitteln, schauen die Wissenschaftler in ihrer Umgebung, ob dort vielleicht gerade ein Stern explodiert ist. Weil die Wissenschaftler die Leuchtkraft solcher Sternexplosionen genau kennen, können sie anhand der Lichtmenge, die auf der Erde ankommt, die Entfernung zu diesen »Standardkerzen« errechnen.**

Normalerweise leben Sterne viele Milliarden Jahre. Sie entstehen dort, wo viel Baumaterial zur Verfügung steht: in galaktischen Nebeln aus Gas und Staub. Diese zarten Nebel, die wunderschön anzusehen sind, finden sich überall im Universum. Es sind Kinderstuben für Sterne, die dort im Lauf von Millionen Jahren heranreifen, bis sie irgendwann wieder »Adieu« sagen.

Wie lange ein Stern lebt, hängt von seinem Gewicht ab. Monstersterne verbrauchen ihren Brennstoff schnell und können sich schon nach ein paar Millionen Jahren aus dem All verabschieden. Sterne von der Größe unserer Sonne werden dagegen weit über zehn Milliarden Jahre alt.

Wenn ein Stern stirbt, ist das für seine Umgebung ein dramatisches Ereignis. So wie manche Pflanzen vor dem Tod noch einmal mächtig aufblühen können, so sterben auch die Sterne mit einer großen Schau, einer echten Lightshow. Schon fünf bis sechs Milliarden Jahre nach ihrer Geburt steigt allmählich ihre Leuchtkraft und Temperatur an. Sie wachsen und bringen nahegelegene Planeten kräftig ins Schwitzen.

Auch auf der Erde wird sich in einer Milliarde Jahren die Temperatur ordentlich erhöhen. Das ist ein erstes Zeichen dafür, dass unsere Sonne nicht endlos leuchten wird. Freilich dauert es noch weitere vier Milliarden Jahre, bis die Sonnenenergie endgültig zu Ende geht. Wenn die letzten Reste an Wasserstoff, die sich noch im Inneren der Sonne befinden, aufgezehrt sind, läuft der gesamte Stern blutrot an, als suche er verzweifelt nach neuer Nahrung, und dehnt sich ungeheuer weit aus: Die beiden Planeten Merkur und Venus, die der Sonne am nächsten sind, werden von diesem »Roten Riesen« einfach geschluckt, die weiter entfernte Erde kann sich vielleicht retten, vielleicht auch nicht. Immer heller brennt die Sonne auf den Planeten nieder, immer näher kommt sie der Erde, bis der feuerrote Ball irgendwann den halben Himmel einnimmt. Auf der Oberfläche unseres Planeten herrscht dann eine so gigantische Hitze, dass die Erdkruste schmilzt. Da, wo sich heute freundliche Ozeane, Wälder und Wiesen ausbreiten, wird ein Meer aus flüssiger Lava brodeln. Es wird fantastisch aussehen, nur wird leider kein Mensch mehr da sein, der dieses Schauspiel verfolgen kann. Die kolossale Hitze löscht alles Leben auf der Erde aus.

So kann niemand erleben, wie sich die Sonne, wenn aller Brennstoff restlos aufgebraucht ist, wieder abkühlt und zu einer Kugel von der Größe der

EIN LÖFFEL TOTER STERN

Erloschene Sterne sind ziemlich klein, manchmal nur 20 Kilometer groß, aber sie haben immer noch ungeheuer viel Masse. Ihre kleinsten Bestandteile, die Atome, sind ungeheuer dicht zusammengequetscht. Ein einziger Löffel toter Stern würde auf der Erde mehr wiegen als Deutschlands höchster Berg, die Zugspitze: eine Milliarde Tonnen.

Erde zusammenschrumpft, einem »Weißen Zwerg«. Auch dieser Zwerg wird noch über 30 Milliarden Jahre glühen, bevor die Sonne endgültig erlischt und als tote kalte Kugel endet. Obwohl das Universum noch viel zu jung ist für solche alten ausgebrannten Sterne, haben die Astronomen schon einen Namen dafür gefunden. Sie heißen »Schwarze Zwerge«. Rein theoretisch wäre es möglich, mit einem Raumschiff auf einem solchen ehemaligen Stern zu landen. Die Oberfläche wäre so hart, dass man sie betreten könnte. Doch gäbe es auf einer solchen toten Sonne nicht viel zu sehen. Da sich im Inneren der Kugel nichts mehr regt, befänden sich dort keine Vulkane, keine Berge oder Täler. In ihrem letzten Stadium ist die Sonnenoberfläche ganz flach. Sie sieht aus wie ein endlos weiter Platz aus Asphalt, der größte und traurigste Schulhof der Welt.

Das also wird einmal aus unserer Sonne: ein leerer Schulhof, groß wie die Erdoberfläche. Ein Schulhof, auf dem es keine Basketballkörbe und nicht einmal mehr Musiklehrerinnen gibt, die in der Pause aufpassen, dass die großen Schüler nicht rauchen. Die Sonne wird völlig tot und unbelebt sein. Bis dahin allerdings ist noch etwas Zeit, mindestens 35 Milliarden Jahre, und wir müssen uns um unsere Sonne keine Sorgen machen. Noch ist sie im besten Sonnenalter.

Pro Sekunde, haben Forscher ausgerechnet, stirbt im Universum ein Stern. Die meisten sterben ähnlich wie unsere Sonne, sie vergrößern sich allmählich und schrumpfen wieder. Es gibt aber auch Sterne, die viel dramatischer sterben. Von einem Tag auf den anderen enden sie in einer Explosion, die im gesamten Weltraum zu sehen ist.

Wer überlebt die Supernova?

Auch viele Kinder wissen schon, wie die Astronomen solche Sternenexplosionen nennen: Supernova. Das Wort kommt aus der lateinischen Sprache und bedeutet so viel wie »mehr als neu«. Tatsächlich erscheinen Supernovae (so nennt sich die Mehrzahl von Supernova) am Himmel wie eine besonders große Neuigkeit, ein plötzlich erstrahlender neuer Stern. Sie können von einem Tag auf den anderen da sein und ein paar Monate lang so hell leuchten, dass sie mit bloßem Auge am Himmel zu entdecken sind, manchmal sogar bei Tag. Kommt es in der Nähe unserer Galaxie zu einer Supernova, kann man sich darauf verlassen, dass in allen Sternwarten der Erde gejubelt wird. Überall tanzen die Sternenforscher um ihre Teleskope herum und freuen sich, weil es plötzlich wahnsinnig viel Neues zu entdecken gibt.

Theoretisch kann sogar in unserer eigenen Galaxie, der Milchstraße, ein Stern explodieren, doch kommt das nach den Schätzungen der Wissenschaftler nur etwa zwei Mal im Jahrhundert vor. Die meisten Sterne explodieren in fernen Galaxien und können nur mit modernen Teleskopen beobachtet werden. Sternenexplosionen sind Ereignisse, die selbst im Weltraum, wo ständig die fantastischsten Dinge geschehen, etwas Besonderes sind. Die Vorgänge, die einer Explosion vorausgehen, sind ziemlich kompliziert und unterscheiden sich von Stern zu Stern. Immer aber fängt es damit an, dass ein Stern seinen Wasserstoffvorrat, den Brennstoff, aufgebraucht hat. Kommt es dann zu einer Explosion, ist sie so gigantisch, dass sie alle Planeten, die um den Stern kreisen, mitreißt: Sie werden schlagartig verbrannt und zerstört. So viel Energie wird bei der Explosion frei,

DER DIAMANTSTERN

Etwa 54 Lichtjahre von der Erde entfernt, befindet sich der Stern BPM 37093. Dieser Stern ist tot. Er brennt nicht mehr. Der Fusionsreaktor in seinem Inneren hat schon vor langer Zeit die Arbeit eingestellt. Seither aber ist mit diesem Stern etwas Fantastisches geschehen: Der Kohlenstoff, aus dem er wie viele andere tote Sterne besteht, wurde so zusammengepresst, dass er sich in einen Diamanten verwandelt hat. BPM 37093 hat ein 4000 Kilometer dickes Herz aus Diamant.

dass ein Stern, der vorher gemütlich am Nachthimmel vor sich hin funkelte, plötzlich milliardenmal so hell strahlen kann wie vorher. Von einem Tag auf den anderen hat er eine Leuchtkraft, die der aller Sterne in seiner Galaxie entspricht.

Bei der Explosion eines Sterns werden ungeheure Mengen an Materie und Energie in den Weltraum geblasen, die weit über das Sonnensystem hinaus Turbulenzen auslösen. Würde unser Nachbarstern Proxima Centauri plötzlich explodieren, hätte das für die Erde fatale Konsequenzen, obwohl Proxima Centauri ein paar Lichtjahre entfernt ist. (Zum Vergleich: Unsere Sonne ist nur acht Lichtminuten von der Erde entfernt.) Durch die Strahlen, die hier eintreffen, würde alles menschliche Leben vernichtet, wahrscheinlich würden nur sehr robuste Lebensformen wie Schnupfen-Bazillen, Kakerlaken und ehemalige Bewohner von Slytherin die Explosion überstehen.

Zum Glück für uns sind Proxima Centauri und seine Nachbarsterne viel zu klein für solch gigantische Explosionen. Um in einer ordentlichen Supernova zu enden, muss ein Stern nicht nur alt genug sein, er muss auch ordentlich was auf die Waage bringen oder wenigstens einen dicken Stern, einen Roten Riesen, in der Nähe haben, der ihm beim Explodieren hilft. Das aber trifft auf die Sterne in unserer unmittelbaren Nachbarschaft nicht zu. Trotzdem kann es sein, dass es in der weiteren Umgebung unseres Sonnensystems auch einmal zu einer großen Sternenexplosion kommt, die auf der Erde zu spüren sein wird. Es gibt Wissenschaftler, die solche Explosionen sogar für einige der großen Massensterben verantwortlich machen, die sich in der Geschichte unseres Planeten ereignet haben.

Im Jahr 1987 konnten die Wissenschaftler zum ersten Mal eine vergleichsweise nahe Supernova untersuchen. Explodiert war ein Stern in einer Nachbargalaxie der Erde, der Großen Magellanschen Wolke. Knapp 200 000 Lichtjahre war dieser Stern entfernt – nah genug, um ihn mit bloßem Auge zu sehen, aber weit genug, um vor seinen Strahlen sicher zu sein. Trotzdem registrierten damals Detektoren auf der ganzen Welt ein erhöhtes Strahlenaufkommen aus dem Weltraum. Sogar ein paar Neutrinos trafen kurz vor der Explosion bei uns ein. Das sind Elementarteilchen, die bei der Sternexplosion in großer Zahl freiwerden. Die Überreste der Supernova sind bis heute am Himmel zu sehen, und noch immer sammeln zahlreiche Astronomen auf der ganzen Welt unzählige Daten über dieses einmalige Ereignis.

Auch wenn die Supernova für die Planeten und Sterne in ihrer unmittelbaren Nachbarschaft katastrophale Folgen hat: Langfristig sind die gigantischen Explosionen ein Segen für das ganze Universum. Denn durch die ungeheuren Temperaturen, die bei einer Supernova entstehen, kommt es zu zahlreichen Fusionen. Dabei entstehen nicht nur Heliumatome, wie bei der normalen Kernfusion in der Sonne. Eine Supernova erzeugt auch Elemente mit mehr Elektronen in der Hülle. So verdanken wir beispielsweise Silber und Gold den Explosionen von Sternen vor vielen Milliarden Jahren.

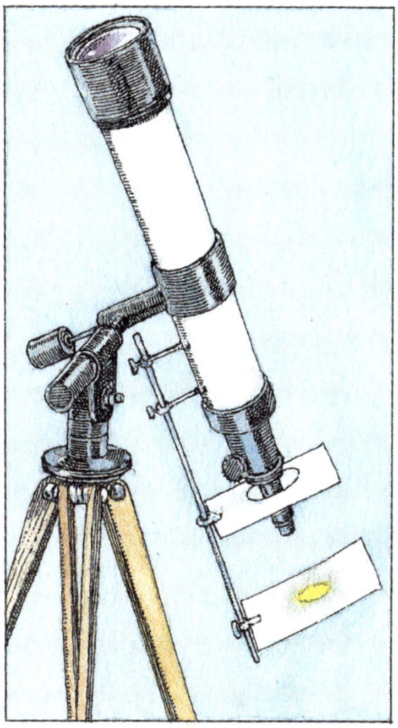

SONNE MACHT BLIND

Die Himmelsbeobachtung ist ein altes, ganz ungefährliches Hobby. Mit einer Ausnahme: dem Studium der Sonne. Wer die Sonne mit bloßem Auge oder einer einfachen Sonnenbrille anschaut, gefährdet sein Augenlicht. Und wer sie durch ein Teleskop ansieht, wird sogar auf der Stelle blind. Nur mit speziellen Teleskopen oder Projektionen kann die Sonne gefahrlos beobachtet werden.

Huhu, wir sind's, die Planeten!

Die großen Sternenexplosionen liefern den Baustoff für neue Sterne, aber sie liefern auch den Stoff für Himmelskörper ganz anderer Art, die Planeten.

Diese Himmelskörper sind für uns superinteressant, weil wir erstens selbst auf einem wohnen und zweitens vielleicht einmal einen besuchen werden, den Mars. Drittens hoffen wir natürlich, dass uns eines Tages von irgendeinem Planeten des Universums ein Lebenszeichen erreicht. Vielleicht eine höfliche Anfrage zur Relativitätstheorie, abgeschickt von außerirdischen Astronomen. Vielleicht ein cooler Radiosender von abgespaceten Aliens. Vielleicht aber auch nur eine lästige Werbe-SMS aus der Gegend von Beteigeuze. Egal, wir nehmen alles.

Die Planeten unseres Sonnensystems (besonders natürlich unsere beiden Nachbarn Mars und Venus) fielen schon den frühen Astronomen auf, weil sie am Nachthimmel quer durch die Sternenkolonien wandern. Genau wie die Sterne verdanken die Planeten

NIESEN MIT DEN PLANETEN

Wer sich die Reihenfolge der Planeten nicht merken kann, der sollte sich folgenden Satz einprägen: Mein Vetter Erich Muss Jede Stunde Unheimlich Niesen. In diesem Satz kommen die Planeten nacheinander mit ihren Anfangsbuchstaben vor: Merkur, Venus, Erde, Mars, Jupiter, Saturn, Uranus, Neptun. Früher, als Pluto noch Mitglied im Planetenclub war, lautete ein Merkspruch: Mein Vater erklärt mir jeden Sonntag unsere neun Planeten.

ihre Entstehung der Schwerkraft. Selbst die größten und gefräßigsten Sterne schaffen es nicht, alle Materie aus ihrer Nachbarschaft zu saugen. So umgibt nach einer Sternengeburt immer eine riesige Wolke aus Gas und Staub den neuen Himmelskörper.

Kleinste Staubteilchen darin verkleben und rotten sich, angezogen von ihrer Schwerkraft, allmählich zusammen. Es bilden sich kleine Planetenbabys, die wachsen und immer neue Materie ansaugen, bis der Stern irgendwann Gesellschaft hat: »Huhu, wir sind's, die Planeten!«

Die Planeten dieses Sonnensystems sind vor etwa viereinhalb Milliarden Jahren entstanden. Der Sonne am nächsten sind Merkur, Venus, Erde und Mars. Sie waren zu Anfang sehr heiß, weil so viele dicke Meteoriten auf sie einprasselten. Erst allmählich kühlten sie ab und legten sich eine feste Kruste zu.

Jeder Planet dreht sich auf einer Ellipse, einem eingedrückten Kreis, um die Sonne und außerdem noch um sich selbst: So ist mal die eine, mal die andere Seite im Sonnenlicht, und es gibt Tage und Nächte. Allerdings drehen die Planeten sich unterschiedlich flott, und so sind ihre Tage nicht alle gleich lang. Auf der langsamen Venus dauert es zum Beispiel acht Erdenmonate oder 243 Erdtage, bis sich der Planet einmal um sich selbst gedreht hat und der Tag vorbei ist. Das hat überraschende Auswirkungen. Weil die Venus etwas weniger Zeit braucht, um die Sonne einmal zu umrunden, nämlich 225 Erdtage, ist ein Venusjahr kürzer als ein Venustag. Venusianer könnten also jeden Tag Geburtstag feiern, wären aber auch in 20 Tagen schon 21 Jahre alt. Am schnellsten dreht sich der Jupiter. Sein Tag dauert nur zehn Stunden.

Bei vielen Planeten sind die schweren Baustoffe wie Eisen oder Nickel im Lauf der Zeit in das Zentrum gesackt und haben dort einen festen Kern gebildet. Ihn umgibt ein mehr oder weniger fester Mantel, der außen von einer leichteren Hülle aus

OHNE GRUND UND BODEN

Könnte es Leben auch auf einem Planeten ohne feste Oberfläche geben? Theoretisch ist das möglich. Schließlich leben auch Fische und Vögel, Bakterien und Viren ohne festen Boden. Trotzdem ist es sehr unwahrscheinlich, denn auch anspruchslose Lebewesen brauchen ein bisschen mehr zum Leben als Wasserstoff und Helium. Daran aber fehlt es auf Gasplaneten wie Saturn und Jupiter. Außerdem herrscht in der Atmosphäre dort ein viel zu großer Druck, die Temperaturunterschiede sind extrem, es gibt riesige Wirbelstürme und elektrische Entladungen, die alles zerstören.

WIE WERDEN PLANETEN GEWOGEN?

Woher wissen die Astronomen, was ein Planet wiegt? Sie können ihn ja schlecht auf eine Waage stellen. Tatsächlich können die Astronomen das Gewicht mit Hilfe der Formeln von Newton errechnen. Dazu müssen sie allerdings Entfernung und Umlaufzeit eines Mondes kennen. Einfacher ist es, wenn sie eine Sonde am Planeten vorbeischicken können. Sie messen dann einfach, wie stark die Schwerkraft die Sonde von der Bahn abbringt.

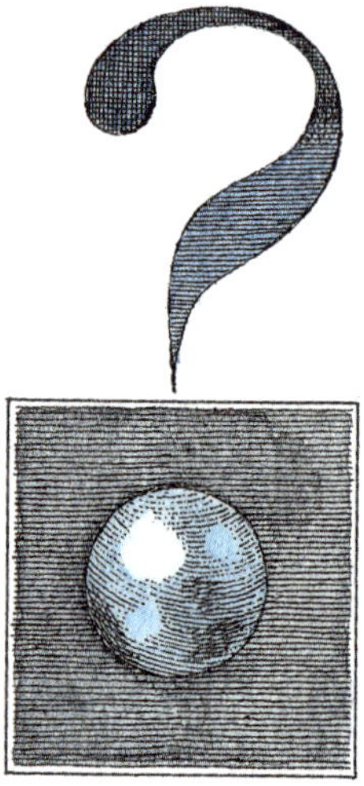

Gasen umgeben ist, der Atmosphäre. Trotz des ähnlichen Aufbaus können die Planeten sehr unterschiedlich aussehen, wie ein Blick in unser Sonnensystem zeigt.

Die größten Planeten, Jupiter und Saturn, bestehen hauptsächlich aus Gas und zwar aus den beiden häufigsten Gasen des Universums: Wasserstoff und Helium. Anders als in der Sonne, die aus dem gleichen Baumaterial besteht, ist in den Planeten keine Fusion in Gang gekommen. Obwohl sie viel größer als die Erde sind, reichte ihre Masse dafür nicht aus.

Weil sie keine feste Oberfläche haben, kann man weder auf Jupiter noch auf Saturn landen. Einfach hindurchfliegen wie durch eine Wolke geht aber auch nicht. Je weiter hinein man fliegt, desto dicker wird das Gas. Irgendwann ist der Druck so groß, dass ein Raumschiff einfach zerdrückt würde. Überhaupt kann man allen Interessierten nur davon abraten, eine Reisegesellschaft für Planetenflüge zu gründen.

Denn auch jenseits der beiden dicken Gaskugeln, dem Jupiter und dem Saturn, fliegen Planeten durchs All, die sich für heitere Planetenführungen mit Begrüßungscocktail ebenso wenig eignen: Uranus und Neptun. Auch sie sind von dichtem Wasserstoffgas umgeben, das wegen der Kälte teilweise gefroren oder flüssig ist.

Interessanter als die weit entfernten sind für uns die vier Planeten in der Nähe der Sonne. Ein Mitglied dieser Viererbande kennen wir schon in- und auswendig. Es ist unsere Erde, der einzige bekannte Planet, auf dem sich irgendwann Atome zu Gebilden zusammengetan haben, die sich selbst nachbauen konnten. »Leben« nennen wir diese Fähigkeit.

IST PLUTO EIN PLANET?

Am äußersten Rand unseres Sonnensystems kreisen viele große und kleine Himmelskörper um die Sonne. Einer von ihnen ist der im Jahr 1930 entdeckte Pluto, der lange als neunter Planet galt. Weil es am Rande des Sonnensystems noch weitere ähnlich große Brocken gibt, strich die Internationale Astronomische Union den kleinen Pluto am 24. August 2006 von der Planeten-Liste. Gemeinsam mit Ceres und Eris muss sich Pluto seither als Zwergplanet durchschlagen. Zwergplaneten sind zwar klein, haben es aber, anders als die lustig geformten Kleinplaneten, immerhin zu einer Kugelform gebracht.

Warum Cola auf dem Merkur keine gute Idee ist

Aber auch von den anderen drei wissen wir eine ganze Menge. Genau wie die Erde haben sie eine feste Oberfläche, auf der man eine Hütte bauen oder eine Höhle graben könnte. Der Merkur ist der kleinste Planet des Sonnensystems und ein ziemlich heißer dazu, denn er ist am nächsten an der Sonne dran. Während eines langen Merkurtages (er dreht sich in 58 Erdentagen einmal um sich selbst) können die Temperaturen locker auf 350 Grad steigen. Bei einer solchen Temperatur kann man unter freiem Himmel im Nu eine Pizza backen. In der langen Nacht sinkt die Temperatur aber wieder auf minus 170 Grad ab – die Pizza sollte also schnell gegessen werden.

QUAOAR

nennen die Astronomen den riesigen, aus Fels und Eis bestehenden Brocken, der in einem Asteroidenfeld namens Kuiper-Gürtel die Sonne umkreist. Er liegt weit jenseits des Pluto und ist etwa halb so groß. Im Kuiper-Gürtel gibt es aber wahrscheinlich auch Asteroiden, die größer sind als Pluto.

Im Jahr 1974 hat die amerikanische Sonde Mariner 10 den Merkur einmal umkreist und Fotos gemacht. Darauf erkennt man eine wüste, sonnenverbrannte Gegend voll von Kratern und gelbbraunem Staub, ähnlich wie auf dem Mond. Sehr wenig einladend. Ein Vorteil des Merkur ist, dass dieser Planet nur von einer sehr dünnen Gasschicht umgeben ist. So gibt es dort nie Wolken und immer schönes Wetter. Sonnenhungrige Weltraumtouristen würden sich trotzdem nicht wohlfühlen: Selbst die kühlste Cola wäre in wenigen Sekunden verdunstet. Außerdem gibt es dort keine Luft zum Atmen und man müsste immer aufpassen, nicht von einem Meteoriten erschlagen zu werden. Diese Brocken fallen durch die dünne Merkur-Atmosphäre direkt auf den Boden, während in der viel dichteren Erdatmosphäre viele verglühen.

Der Erde am nächsten von allen Planeten ist die Venus, die zwischen Merkur und Erde ihre Bahn zieht: Nur vier Monate benötigt ein Raumschiff für den Weg zur Venus. Kein Wunder, dass der Planet schon in den sechziger Jahren des vergangenen Jahrhunderts zum Ziel von Weltraummissionen wurde. Von fern sieht die Venus, die nach der römischen Göttin der Liebe benannt wurde, sehr geheimnisvoll aus. Sie ist gelb und von dichten Wolken umgeben. Früher glaubten einige Himmelsbeobachter, dass sich unter diesen Wolken eine Art tropischer Regenwald verbergen könnte wie auf der Erde. Deshalb waren alle sehr gespannt darauf zu erfahren, wie es wirklich auf der Oberfläche der Venus aussieht.

Die erste Sonde, die auf dem Planeten landete, kam aus der Sowjetunion und hieß Venera 3. Leider brach der Kontakt zu ihr ab, kurz nachdem sie in die Venus-Atmosphäre eingedrungen war. Auch die nächsten Expeditionen endeten unglücklich: Venera 4 und 5

GÖTTLICHE VENUS

Weil die Venus am Himmel so gut sichtbar ist, hat sie schon in frühen Zeiten die Völker beschäftigt. In fast allen Kulturen wurde der Planet einer Liebes- oder Fruchtbarkeitsgöttin zugeordnet: Die Babylonier verbanden sie mit Ishtar, die Ägypter mit Isis, die Germanen mit Freya, die Griechen mit Aphrodite. Wahrscheinlich liegt das daran, dass die Venus am Abend besonders hell leuchtet.

wurden zerquetscht, bevor sie überhaupt in die Nähe des Bodens kamen.

Die Wissenschaftler wussten nun, dass auf der Venus ein gewaltiger Druck herrscht, ähnlich wie in den Tiefen der Ozeane, und dass dort mit Sicherheit nicht das kleinste bisschen Regenwald wächst. Jeder Mensch würde ohne superstarke Panzerung auf der Stelle erdrückt. Die sowjetischen Techniker verstärkten deshalb ihre Sonden mit einer besonders harten Titanhülle, und es gelang ihnen, im Jahr 1970 zum ersten Mal ein Landegerät heil auf den Boden zu bringen: 23 Minuten sendete Venera 7 Daten von der Oberfläche des Planeten. Zwei Jahre später, am 22. Oktober 1972, landete die russische Sonde Venera 9 auf der Venus. Sie brauchte für die letzten 50 Kilometer durch die dicke Atmosphäre fast eine Stunde, obwohl sie ohne Fallschirm wie eine Münze im Wasser nach unten sank. 15 Minuten nach der Landung schickte Venera 9 zum ersten Mal Fotos von einem fremden Planeten zur Erde.

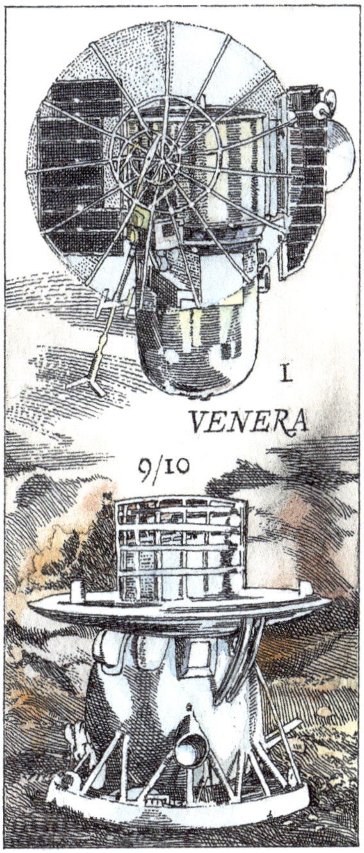

Zu sehen war nicht viel: Der Boden ist ziemlich platt, vereinzelte Felsplatten liegen herum, es gibt ein paar Hügel und kleine Anhöhen. Verglichen mit dem Merkur und dem Mond ist die Oberfläche der Venus einigermaßen unversehrt von Kratern, es sieht dort eher so aus wie in den Lavabergen auf Hawaii. Statt schroffer Gebirge finden sich sanft ansteigende Berge und ziemlich viele Vulkane, von denen man nicht weiß, ob sie noch aktiv sind. Auf dem ganzen Planeten gibt es wegen der extremen Temperaturen (fast 500 Grad) und des hohen Drucks mit Sicherheit nicht die kleinste Pflanze oder auch nur eine einzige Bakterie. Ausgerechnet der Planet, der uns am nächsten ist und von der Größe am ähnlichsten, eignet sich nicht für eine bemannte Landeexpedition.

Mars macht mobil

Anders beim Mars. Der Planet, der wegen seiner geheimnisvollen blutroten Färbung nach dem römischen Kriegsgott getauft wurde, ist viel weniger heiß und hat eine viel dünnere Atmosphäre als die Venus. Atmen kann man aber auch auf dem Mars nicht, denn die Marsatmosphäre besteht hauptsächlich aus Kohlendioxid. Trotzdem würde ein Astronaut, der ohne Raumanzug den Mars betritt, nicht ersticken. Weil die Luft auf dem Mars viel dünner ist als auf der Erde, bekäme er schon vorher die Taucherkrankheit. Sein Blut bildete Blasen und verstopfte die Adern. Immerhin: Ein paar Sekunden könnte man auf dem Mars ohne Schutzanzug überleben. Die Temperaturen sind sogar ganz angenehm, jedenfalls tagsüber, wenn auf dem Mars Sommer herrscht. Da liegen sie bei 20 Grad. Nachts wird es kalt: frostige minus 85 Grad.

Trotzdem schließen die Wissenschaftler nicht aus, dass es auf dem Mars Leben gegeben hat und dass immer noch irgendwo ein paar tapfere kleine Mikroben dem roten Staub trotzen könnten. Früher, vor vielen Millionen Jahren, hatte der Mars wahrscheinlich sogar eine dichte Atmosphäre. Damals waren seine Vulkane aktiv und stießen Gase aus, die eine Hülle um den Planeten bildeten. Wegen seiner geringen Masse und Schwerkraft (er ist nur halb so groß wie die Erde) konnte er diese Hülle nicht lange halten. Sie wurde vom Sonnenwind ins All geblasen. Mit großer Sicherheit ist auch schon einmal Wasser auf dem Mars geflossen und zwar eine ganze Menge: Einige Gegenden auf dem Mars wirken wie vertrocknete Flusstäler. Selbst heute findet sich noch Wasser, wenn auch nur gefroren an den Polen.

WARUM IST DER MARS SO ROT?

Seine geheimnisvolle rötliche Färbung verdankt der Mars dem Eisenoxidstaub, der ihn fast völlig bedeckt. Eisenoxid entsteht, wenn Eisen mit Sauerstoff oder Wasser in Verbindung kommt, zu deutsch: Wenn es rostet. Die Wissenschaftler rätseln noch, wie der Rost auf den Planeten gekommen ist. Hat Wasser das Eisen aus den Felsen gespült? Brachten Meteoriten den Staub mit?

Der Rest des Planeten sieht aus wie eine endlos große rote Wüste voller Sanddünen. Überall liegen Steine herum, einige sind Meteoriten, die aus dem All gefallen sind. Auch Vulkane gibt es auf dem Mars in großer Zahl, einer von ihnen, Olympus

Mons, gilt sogar als höchster Berg des gesamten Sonnensystems. 25 Kilometer ist er hoch und wie die anderen Vulkane nicht mehr aktiv.

Der Mars ist ein beliebtes Ziel für Weltraumexpeditionen. Über vierzig Sonden sind schon zum Mars geflogen, viele davon erreichten den roten Planeten allerdings nie oder nur sehr zerknautscht. Die erste Landung glückte im Jahr 1971 der Sowjetunion. Die Sonde Mars 3 setzte weich auf, stellte allerdings nach 20 Sekunden ihre Arbeit ein. Erfolgreicher verliefen die Mars-Missionen der Amerikaner. Der Weltraumbehörde NASA gelang es im Jahr 1997 zum ersten Mal, ein kleines Fahrzeug auf den Planeten zu bringen, das dort die Umgebung im Umkreis von zehn Metern untersuchte. Sieben Jahre später brachten die amerikanischen Ingenieure in einem Monat sogar zwei Geländewagen auf den Mars. Die beiden Rover legten mehrere Kilometer zurück und bestätigten mit ihren Messungen, dass auf dem Mars früher einmal Wasser geflossen ist, vielleicht sogar in großen Ozeanen. Wenigstens für eine begrenzte Zeit herrschten auf dem Planeten nach Ansicht vieler Wissenschaftler gute Bedingungen für die Entwicklung von Leben.

WIE HEISST UNSER MOND?

Die Monde aller anderen Planeten haben schöne Namen bekommen: Titan, Callisto, Io. Doch ausgerechnet unser netter, treuer Mond ging leer aus. Er heißt einfach nur Mond. Eigentlich müssten sich die Astronomen mal Gedanken über einen guten Namen machen.

Wie die meisten Planeten hat der Mars auch Monde: Phobos und Deimos. Sie sind benannt nach den beiden Söhnen des griechischen Kriegsgottes Ares, der bei den Römern eben Mars hieß. Im Gegensatz zu ihren kämpferischen Namen (übersetzt lauten sie »Angst« und »Schrecken«) sind sie ziemlich klein und wenig furchteinflößend. Sie sehen aus wie fliegende Kartoffeln. Wahrscheinlich flogen sie einmal als Asteroiden einsam durch das Sonnensystem, bis sie vom Mars mit seiner Schwerkraft eingefangen wurden.

Bitte Platz nehmen im Mondkarussell

Monde sind Himmelskörper, die von der Schwerkraft eines Planeten angezogen werden und ihn umkreisen wie auf einer endlosen Karussellfahrt. Fast alle Planeten unseres Sonnensystems haben einen solchen Begleiter, und man kann davon ausgehen, dass auch

Planeten in anderen Sonnensystemen Monde haben. Die Monde sind, genau wie die Planeten (außer unserem), nach griechischen oder römischen Göttern benannt. Sie sind stets kleiner als ihre Partner, können aber trotzdem ordentlich groß ausfallen. Der Jupitermond Ganymed zum Beispiel, der größte unseres Sonnensystems, übertrifft den kleinen Merkur lässig an Umfang. Andererseits gibt es auch Monde, die so klein sind wie gewöhnliche Asteroiden.

Im gesamten Sonnensystem wurden bislang über hundert Monde gezählt, die sich sehr voneinander unterscheiden. Die meisten umkreisen den Planeten Jupiter. Hier gibt es den Mond Io, auf dem in einem fort Vulkane ausbrechen und die Oberfläche mit Lava bedecken. Es gibt den Mond Callisto, auf dem sich möglicherweise ein Ozean aus Salzwasser verbirgt. Und den Mond Europa, in dessen Tiefe die Astronomen ebenfalls einen Ozean aus flüssi-

HUYGENS LANDET AUF TITAN

Am 14. Januar 2005 landete die europäische Sonde Huygens auf dem Saturn-Mond Titan und schickte Fotos von der mit Steinen übersäten Oberfläche zur Erde. Nie zuvor gelang in so großer Entfernung von der Erde eine Landung. Die Sonde blieb etwa zwei Stunden in Betrieb.

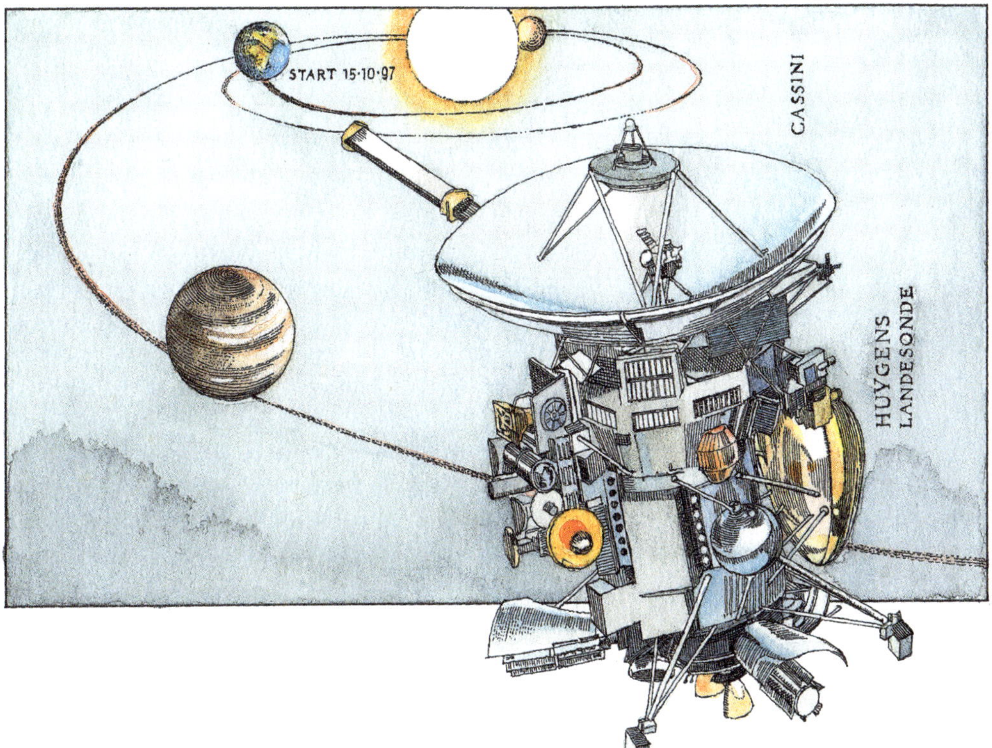

WEM DER MOND GEHÖRT

1967 einigten sich die Staaten der Erde, dass niemand Besitzansprüche auf einen Himmelskörper erheben dürfe. Trotzdem meldete der Amerikaner Dennis M. Hope 1980 Besitzansprüche auf den Mond an. Weil niemand Einspruch erhob, wie es nach dem amerikanischen Recht nötig gewesen wäre, fühlte er sich acht Jahre später als Besitzer. Er begann damit, Mondgrundstücke zu verkaufen, und stellte schöne Dokumente aus. Wegen des internationalen Vertrags von 1967 sind sie allerdings wertlos.

gem Wasser vermuten. Die Wissenschaftler schließen nicht aus, dass in diesen Ozeanen einfache Bakterien leben. Auf großes Interesse der Forscher stößt auch der Saturn-Mond Titan. Er ist der einzige Mond, der es zu Wolken und einer dichten Hülle gebracht hat, einer Atmosphäre mit einer Menge unterschiedlicher Gase darin.

Unser eigener Mond ist frei von jeder Wolke. Mit dem Fernrohr kann man gut die vielen Krater erkennen, die er sich im Verlauf der Jahrmillionen durch niederprasselnde Meteore zugezogen hat. Entstanden ist er, wie im ersten Kapitel erklärt wurde, durch eine gigantische Kollision vor vielen Milliarden Jahren, als ein Stück von der Erde abbrach. Vielleicht ist das der Grund, warum der Mond den Erdenbewohnern so lieb geworden ist, jedenfalls den erwachsenen unter ihnen. Er ist ein Stück von unserem eigenen Planeten. Einsame Spaziergänger schauen nachts zum Himmel hinauf und sagen »Ach«. Verliebte küssen sich bei Vollmond, Mondsüchtige klettern auf Hausdächer und Dichter schreiben große Werke. Selbst die Hunde sind ergriffen und heulen.

Der Mond ist der einzige Himmelskörper, auf dem jemals Menschen herumgelaufen sind. Ein Dutzend Astronauten besuchten seit Neil Armstrong unseren Begleiter. Der Mann, der den Mond als Letzter verließ, war der Amerikaner Eugene Cernan, der im Jahr 1972 mit Apollo 17 auf dem Trabanten landete. Am 14. Dezember bestieg er die Landefähre Challenger und hob ab. Seither hat kein Mensch mehr den Mond betreten. Die Mondlandungen, die ein paar Jahre vorher noch die ganze Welt begeisterten, waren langweilig geworden. Die NASA konzentrierte sich auf den Bau des Spaceshuttle, die Internationale Raumstation ISS und auf Projekte wie »Deep Impact«.

Sind Kometen alte Pizzas?

Deep Impact sorgte im Dezember 2004 weltweit für Aufregung. Mit einer Delta-Rakete schickten die NASA-Techniker eine Sonde zum Kometen Tempel 1. Der Auftrag: Die Sonde sollte in der Nähe des Kometen ein kleines, batteriebetriebenes Landegerät aussetzen, den Impaktor. Dieses Gerät sollte sich dem Kometen nähern und mit großer Wucht auf der Oberfläche aufschlagen. Das Experiment gelang. Der Impaktor riss in den Kometen ein Loch, so groß wie ein Fußballstadion. Die Muttersonde verfolgte den Aufprall und analysierte die Wolke von Eis und Staub, die bei der Kollision in den Weltraum geschleudert wurde.

Die Wissenschaftler hoffen, mit Hilfe der Sprengung wichtige Erkenntnisse über das Innere des Kometen zu gewinnen. Anders als die erdnahen Planeten, die sich im Lauf der Zeit stark verändert haben, sind die Kometen kaum gealtert. Die meiste Zeit verbringen sie fern der Sonne in den eiskalten Rändern unseres Sonnensystems. Wie eine alte Pizza, die im hintersten Winkel einer Tiefkühltruhe vergessen wurde, verraten sie den Forschern etwas über die Frühzeit unseres Universums. Eines haben die Wissenschaftler schon aus der Kollision mit Tempel 1 gelernt: Kometen sind ziemlich bröckelige Himmelskörper. Man kann sie sich wie fliegende Schutthaufen vorstellen.

Faszinierend sind Kometen aber nicht nur für Wissenschaftler. An Bord des Impaktors befand sich auch eine CD mit den Namen von über 560 000 Internet-Benutzern. Im Kometen-Fieber hatten sie sich an der NASA-Aktion »Sende deinen Namen an einen Kometen« beteiligt.

KOMETENANGST

Anfang des 19. Jahrhunderts befürchteten viele Leute, dass der Schweif eines Kometen aus geruchlosen, aber giftigen Gasen bestehen und die Erde verseuchen könnte. Quacksalber verkauften daraufhin mit großem Erfolg Pillen und andere angebliche Heilmittel gegen Kometenschweifgase.

Schon immer hat das Auftauchen von Kometen für große Aufregung gesorgt, es wurde oft mit göttlichen Erscheinungen verbunden. Einige Wissenschaftler glauben, dass ein Komet den drei Weisen aus dem Morgenland die Geburt von Jesus angekündigt und ihnen den Weg nach Bethlehem gezeigt hat. Bis heute allerdings ist ungeklärt, welcher Komet dies gewesen sein könnte. Auch nach der Ermordung von Julius Cäsar soll ein Komet gesehen worden sein, was sein Nachfolger Augustus als Zeichen für den Aufstieg der Cäsaren in das Reich der Götter deutete. Im Mittelalter waren Kometen als Unheilsboten gefürchtet. Die Priester sagten den Gläubigen, dass die Kometen von Gott gesandt worden seien, um die bösen Menschen zu bestrafen. Ereignete sich eine Katastrophe, war klar: Die Menschen hatten sich daneben benommen. Erst Isaac Newton und Edmond Halley erkannten, dass Kometen genau wie Planeten die Sonne umkreisen und dabei in regelmäßigen Abständen auch die Erde passierten. Einer der verlässlichsten Passanten ist der Komet Halley. Er kehrt alle 76 Jahre wieder und wurde nach seinem Entdecker benannt. Leider konnte Edmond Halley nicht mehr überprüfen, ob »sein« Komet auch pünktlich wiederkehren würde. Für manche Kometen ist ein Menschenleben einfach zu kurz.

Heute wissen wir, dass Kometen Himmelskörper sind, die bei der Entstehung unseres Sonnensystems übrig blieben. Sie bildeten sich fern der Sonne, in den kältesten Zonen des Sonnensystems, und umkreisen seither auf abenteuerlichen Bahnen den zentralen Stern. Die meiste Zeit verbringen sie in den bitterkalten äußeren Regionen des Sonnensystems. Nur wenn sie der Sonne näher kommen, bilden sie ihren berühmten Schweif. Durch die Erwärmung verdunstet das gefrorene Eis und löst sich zusammen mit Staubpartikeln von der Oberfläche. Die Sonne bläst diese Mischung mit dem Sonnenwind weg und bringt die Wolke zum Leuchten. 50 Tonnen Staub und Eis verliert ein Komet bei so einer Sonnenumrundung pro Tag. Je weiter sich der Komet auf seiner Runde von der Sonne entfernt, desto kleiner wird sein Schweif. Jenseits des Mars fliegen Kometen schweiflos durch das All.

DIE SEKTE HEAVEN'S GATE

Im Jahr 1997 brachten sich 39 Mitglieder der Sekte Heaven's Gate beim Erscheinen des Kometen Hale-Bopp um. Ihr Anführer, Marshall H. Applewhite, hatte ihnen gesagt, sie seien Außerirdische und würden in ein Raumschiff aufgenommen, das im Schweif des Kometen mitfliege. Vor ihrem gemeinsamen Selbstmord tranken sie Zitronensaft, um sich zu reinigen. Man fand sie unter purpurroten Decken in Etagenbetten. Für die Reise im Ufo hatten sie extra neue Nike-Turnschuhe angezogen.

Gegen Asteroiden hilft kein Regenschirm

Ähnlich wie die Kometen sind auch die Asteroiden Überreste aus der Anfangszeit unseres Sonnensystems, allerdings fehlt ihnen das Eis, das den Kometen ihren Schweif verleiht. Asteroiden sind felsige Brocken aus Nickel und Eisen, die es mangels Masse nicht zu richtigen Planeten geschafft haben. Obwohl schon eine Menge Asteroiden auf den Planeten und Monden des Sonnensystems eingeschlagen sind, treiben sich immer noch viele von ihnen zwischen den Planeten herum. Die meisten finden sich in einem Gebiet zwischen dem Mars und dem Jupiter. Asteroiden sind nicht besonders groß. Die größeren können um die 1000 Kilometer groß werden, die kleinen erreichen gerade mal die Größe von Kieselsteinen. Wenn man alle Asteroiden unseres Sonnensystems zu einem großen zusammenkleben würde, wäre er nicht einmal halb so groß wie unser Mond.

Trotzdem können Asteroiden der Erde gefährlich werden. Zwar schützt uns unsere Atmosphäre einigermaßen gut vor Einschlägen aus dem All. Doch kommt es immer wieder vor, dass einer der Brocken die Hülle durchbricht und auf der Erdoberfläche einschlägt: »Meteorit« nennt man das, was von einem Asteroiden auf der Erdoberfläche ankommt. Zum Glück sind die meisten Meteoriten klein und landen im Meer oder in einer Wüste. Manchmal allerdings fällt auch aus heiterem Himmel ein Stein mitten in eine Wohngegend und hinterlässt, wie im Jahr 1992 in der amerikanischen Stadt Peekskill, eine dicke Beule auf dem Kotflügel eines Autos.

Meteoriten können viel Unheil anrichten. Im Jahr 1907 stürzte ein Felsbrocken aus dem All in die abgelegene Tunguska-Region in Sibirien. Er setzte eine Fläche in Brand, die doppelt so groß war wie Berlin. Hunderte von Rentieren starben, die Nacht wurde taghell erleuchtet.

Berühmt geworden ist der Meteorit, der zum Ende der Dinosaurier beigetragen hat. Er soll einen Durchmesser von 10 Kilometern gehabt haben und in Mexiko eingeschlagen sein. Mit Hilfe von Satellitenaufnahmen haben Wissenschaftler Reste eines gigantischen Kraters entdeckt, den höchstwahrscheinlich der Meteorit hinterlassen hat. Andere Forscher fanden in tief gelegenen Erdschichten das Metall Iridium. Es ist auf der Erde sehr selten, wird aber beim Aufprall eines Meteoriten frei.

Wenn ein 10 Kilometer großer Felsbrocken auf der Erde einschlägt, hat das katastrophale Folgen. Die Atmosphäre wird erhitzt und setzt auf einer großen Fläche Bäume und Pflanzen in Brand. Massenhaft steigt Staub auf und verdunkelt den Himmel über der ganzen Erde. Und riesige Flutwellen überschwemmen weite Gebiete. Es ist unwahrscheinlich, dass die Menschen den Einschlag eines mehrere Kilometer großen Meteoriten überleben würden.

Zum Glück kommt es nur sehr selten, vielleicht einmal in 40 Millionen Jahren, zur Kollision mit

METEORE

Nur wenige Asteroiden schaffen es bis zum Erdboden. Die meisten verglühen in der Erdatmosphäre und hinterlassen dabei eine Leuchtspur am Himmel. Diese glühenden Asteroiden nennt man auch »Meteore«.

einem solch großen Asteroiden. Der Grund dafür ist, dass der Jupiter in den vergangenen Milliarden Jahren die größten Brocken aus unserer Umgebung weggesaugt hat. Trotzdem überlegen viele Wissenschaftler, wie man unseren Planeten vor einer solchen Katastrophe schützen könnte. Heute wäre es immerhin möglich, mit einer Rakete eine Atombombe in die Nähe des heranrasenden Himmelskörpers zu transportieren, sie explodieren zu lassen und das Ungetüm eventuell vom Kurs abzubringen. Ob das gelingt, ist ungewiss.

Jedenfalls würden wir heute von einem gigantischen Meteoriten nicht mehr so überrascht wie die Dinosaurier. Astronomische Institute auf der ganzen Welt suchen mit Computerprogrammen systematisch den Himmel nach gefährlichen Brocken ab. Entdecken sie einen Asteroiden auf Kollisionskurs, können sie die Erde warnen. Ein paar Wochen oder sogar ein paar Monate wäre dann noch Zeit, etwas zu unternehmen: eine Atomrakete zu starten, Schokoriegel einzukaufen oder noch mal alle sechs Filme von Star Wars anzuschauen.

Die unsichtbare Welt

Eine kurze Zeit lang dachten die Wissenschaftler, sie wüssten, woraus die Welt besteht. Mit raffinierten Tricks hatten sie ihre Baustoffe, die Elemente, in alle Einzelteile zerlegt. Egal, ob es sich um Wasserstoff, Eisen oder Nickel handelte: Alle diese Elemente waren ähnlich aufgebaut, alle setzten sich aus Atomen zusammen. Dann jedoch machte ein Schweizer Astronom eine seltsame Entdeckung: In einer fernen Ansammlung von Galaxien fand er etwas, was es eigentlich nicht geben durfte: Eine neue Form von Materie.

Kinder können sich gut vorstellen, wie es wäre, unsichtbar zu sein. In einen Raum zu gehen und von niemandem erkannt zu werden. Durch geschlossene Türen und Wände zu spazieren, in fremde Häuser hineinzuschauen. Unsichtbar könnten sie abends zwischen den Eltern auf dem Sofa sitzen und Spätfilme gucken, oder sie könnten im Lehrerzimmer zuhören, wie Herr Brom, der Erdkundelehrer, oder Frau Krempel, die Musiklehrerin, über die 6b schimpfen. Die meisten Kinder können sich auch vorstellen, einen unsichtbaren Freund zu haben. Einen, der immer da ist, immer Zeit hat, einem immer zuhört.

In dem amerikanischen Film »Mein Freund Harvey« gibt es so einen Freund. Es ist ein zwei Meter großer weißer Hase, der für alle Menschen unsichtbar ist, außer für einen: Elwood P. Dowd, den Helden des Films. Elwood ist sehr nett zu seinem Hasen. Er macht ihm die Tür auf, reserviert ihm Sitzplätze, geht mit ihm einen trinken. Doch seine Verwandten und Bekannten erklären Elwood für verrückt und wollen ihn in eine Anstalt bringen.

Unsichtbare Hasen gibt es nicht: Davon sind jedenfalls die meisten Erwachsenen überzeugt. Es gibt sie ebenso wenig wie Geister oder Gespenster. Erwachsene bevorzugen Dinge, die man sehen, anfassen und aufräumen kann. Dabei sollten sie es eigentlich besser wissen. Luft zum Beispiel kann man weder sehen noch anfassen. Und trotzdem gibt es sie. Man kann sie einatmen und in eine Luftmatratze pumpen. Gäbe es keine Luft, gäbe es auch keine Menschen.

Ja, sagen die Erwachsenen in so einem Fall. Luft ist vielleicht für uns unsichtbar. Mit unseren schwachen Augen können wir Luft nicht sehen. Mit

MIKROSKOPE

Mit normalen Lichtmikroskopen lassen sich Dinge 2000fach vergrößern. Das reicht, um zum Beispiel Bakterien zu erkennen. Die Bausteine unserer Materie sehen wir damit nicht. Allerkleinste Teilchen tasten die Forscher deshalb mit Elektronenstrahlen ab. Elektronen haben eine kleinere Wellenlänge als Licht, sie schaffen eine millionenfache Vergrößerung. Mit einem Rastertunnelelektronenmikroskop kann man sogar einzelne Atome erkennen.

einem Elektronenmikroskop aber sähe die Sache anders aus. Da würden wir sofort erkennen, dass unsere Luft voll ist. Und zwar voll von Atomen. 30 000 000 000 000 000 000 (oder 30 Trillionen) Atome stecken in einem einzigen Kubikzentimeter Luft. Das müsste ja wohl reichen.

Erwachsene glauben immer, was Wissenschaftler sagen. Wenn ein Universitätsprofessor erklärt, dass die Luft 30 Trillionen Atome enthält, sind sie sofort überzeugt und verzichten darauf, die Atome nachzuzählen. Sie denken, dass die Universitätsprofessoren ihre Verbündeten sind im Kampf gegen das

Unsichtbare und gegen die dunklen Mächte. Die Wissenschaftler haben schließlich jede Menge Messinstrumente, damit finden sie selbst die kleinsten Teilchen und fangen sie ein.

Schön wär's. Was in diesem Kapitel steht, wird Eltern, Onkels und Tanten schlaflose Nächte bereiten. Es wird sie völlig aus dem Konzept bringen und ihren Glauben an die Welt erschüttern. Denn in diesem Kapitel steht etwas Ungeheuerliches: Es gibt Materie, die man nicht anfassen und nicht einmal mit den besten Teleskopen und Mikroskopen der Welt sehen kann. Diese Materie kommt durch jede Tür und jede Wand und durchquert selbst riesige Planeten ohne Probleme. Sie lässt sich mit absolut keiner Falle der Welt einfangen. Und es gibt von dieser Materie nicht nur ein paar Klumpen, die irgendwo im Weltraum verstreut sind. Sondern es gibt unermesslich viel davon, das ganze Universum inklusive der Erde steckt voll von unsichtbarer Materie. Die Astrophysiker sind sogar überzeugt, dass es viel mehr unsichtbare Materie gibt als sichtbare.

Am Anfang wollten auch die Astrophysiker nicht glauben, dass es außer der Art von Materie, die in Sternen, Planeten, Monden, Asteroiden oder interstellarem Gas steckt, noch weitere Materie im Weltraum geben sollte. Materie, die nicht aus Wasserstoff, Kohlenstoff, Eisen oder den anderen bewährten Baustoffen unserer Welt besteht, sondern aus einem völlig unbekannten Stoff. Materie, die nicht einmal aus Atomen zusammengesetzt ist wie alle Dinge, die wir kennen, sondern aus »Hmhmhm?« oder aus »Ähem?«. So etwas würde einfach alles infrage stellen, was die Physiker bislang über die Welt herausgefunden hatten.

Die Entdeckung von Fritz Zwicky

Als der Schweizer Astrophysiker Fritz Zwicky im Jahr 1933 zum ersten Mal davon sprach, dass es außer der bekannten noch eine unbekannte, eine unsichtbare »dunkle« Materie geben müsse, wurde er ausgelacht. Zwicky war ein komischer Kauz. Er dachte darüber nach, wie man Planeten und Monde bewohnbar machen könnte. Er träumte davon, die Bahn der Sonne zu verändern, um mit dem gesamten Sonnensystem zu verreisen. Und seine Studenten nannte er »Bastarde«. Das machte ihn nicht gerade beliebt.

Doch er war jemand, der das Ungeheuerliche denken konnte. Im Jahr 1933 beobachtete er einen Galaxienhaufen nahe dem Sternbild der Jungfrau, den Coma-Galaxienhaufen. Wie in allen Galaxien herrscht auch in den Coma-Galaxien jede Menge Bewegung. Milliarden von Sonnen kreisen auf Bahnen, die von der Schwerkraft bestimmt werden. Der Astronom Johannes Kepler hat schon im 17. Jahrhundert vorgeführt, wie man solche Bahnen ausrechnen kann. Jeder Astronomiestudent muss seither die Keplerschen Gesetze beherrschen.

Zwicky stellte fest, dass die riesige Versammlung von Galaxien zusammenhielt, obwohl sie eigentlich zu wenig Masse enthielt. Mithilfe der Keplerschen Gesetze errechnete er, dass die Schwerkraft der zusammengezählten Galaxienmassen für die Gruppe nicht ausreichte. Laut Kepler hätten sich die Galaxien also voneinander lösen und auf getrennten Wegen ins All entschwinden müssen. Trotzdem blieben sie in ihrem Haufen. Viele Astronomen hätten in so einer Situation wahrscheinlich ihre Beobachtungen angezweifelt. Sie hätten gesagt: »Da habe ich wohl was übersehen.« Und wären erst einmal Eis essen gegangen.

Zwicky dachte lieber nach. Seine kühne Idee war: Wenn die sichtbare Masse der Galaxien nicht ausreichte, um sie zusammenzuhalten, dann musste es zwischen ihnen noch etwas anderes geben, einen unsichtbaren Schwerkraftspender. Zwicky fasste einen Beschluss: Im Coma-Haufen musste eine unbekannte Form von Materie versteckt sein, eine »Dunkle Materie«.

Niemand glaubte Zwicky. Wäre ja noch schöner, wenn jeder nach Lust und Laune neue Materie erfinden könnte. Erst im Laufe von Jahren setzte sich die Erkenntnis durch: Zwicky hatte recht. 1960 bestätigte die Astronomin Vera Rubin die Erkenntnisse von Zwicky. Sie fand heraus, dass in Galaxien die äußeren Sterne das Zentrum viel schneller umkreisten als es nach den Keplerschen Gesetzen zu erwarten war. Offenbar wurden sie von einer unbekannten Masse angezogen. Auch innerhalb der Galaxien war offenbar eine geheime Schwerkraftquelle am Werk.

Andere Astronomen stellten bald fest, dass sich überall im Weltraum Galaxien schwungvoller drehten als es ihre Schwerkraft erlaubte. Steckte der ganze Weltraum voll von Dunkler Materie?

Für alle Astrophysiker, Astronomen und Physiker war das eine Riesensensation und eine Neuigkeit, die sie ratlos machte. Wie sollten sie die geheimnisvolle Dunkle Materie finden? Sie war offenbar durchsichtig und sandte weder Lichtstrahlen noch sonst irgendeine messbare Energie aus. Auf keinem Teleskopspiegel der Welt, unter keinem Mikroskop zeigte sie sich. Das Einzige, wodurch sich diese Materie bemerkbar machte, war ihre Schwerkraft.

Den Wissenschaftlern wurde es unheimlich. So viele Geheimnisse der Natur hatten sie geknackt. Die Materie, die uns umgibt: Sie war bestens erforscht und im Periodensystem der Elemente eingeordnet. Das Periodensystem ist die Heilige Schrift aller Chemielehrer, eine Art Inhaltsangabe des Universums, in der alle vorhandenen Arten von Materie mit ihren Grundbestandteilen aufgelistet sind. Konnte es sein, dass diese Heilige Schrift riesige Lücken enthielt?

Unvorstellbar. Schließlich hatten die Naturwissenschaftler die Materie nicht nur säuberlich aufgelistet, sie hatten sie auch bis in ihre kleinsten Einzelteile zerlegt. Mit gigantischen Maschinen,

GIBT ES DUNKLE ENERGIE?

Viele Wissenschaftler sind heute der Ansicht, dass es im Weltraum nicht nur Dunkle Materie, sondern auch eine unbekannte Form der Energie gibt. Diese »Dunkle Energie« sei dafür verantwortlich, dass der Weltraum sich unaufhaltsam und immer schneller ausdehnt. Nach neuesten Forschungen besteht das Universum sogar zu 73 Prozent aus Dunkler Energie. Für 23 Prozent ist die Dunkle Materie verantwortlich, und unsere normale »helle« Materie stellt nur jämmerliche vier Prozent.

den sogenannten Teilchenbeschleunigern, hatten sie noch die winzigsten Teilchen gespalten, bis sie irgendwann die allerkleinsten der allerkleinsten Teilchen fanden, die Bestandteile der Atomkerne, die Quarks. Die Naturwissenschaftler dachten, sie hätten nun alles im Griff, alles entdeckt. Und dann das.

Es war, als würde man den Inhalt seines Kühlschranks studieren und plötzlich feststellen, dass die ganzen Jahre über noch jemand anders in der Wohnung gelebt haben muss. Jemand, den niemand kennt. Jemand, den niemand gesehen hat. Aber jemand, der sehr groß und sehr hungrig war. Denn die Physiker errechneten bald, dass es von der neuen unbekannten Materie mehr geben musste als von der alten, sogar erheblich mehr. Heute sind sie davon überzeugt, dass wir von der gesamten Materie des Universums gerade einmal ein Siebtel kennen. Der Rest ist »dunkel«.

LICHT

enthält eine Menge Informationen. Es sagt uns nicht nur, ob ein Gegenstand hell oder dunkel, rot oder blau ist. Wenn man es mit einem Prisma zerlegt, verrät es uns auch, ob es zum Beispiel durch Kohlenstoff, Wasserstoff, Sauerstoff oder andere Elemente gefiltert wurde. Mit ihren Teleskopen können die Astronomen deshalb herausfinden, ob es auch in der Tiefe des Universums die Elemente gibt, die wir von der Erde kennen.

Die helle und die dunkle Seite der Welt

Was bedeutet »dunkel«? Dazu müssen wir zunächst die normale, die »helle« Materie betrachten. Sie ist der Baustoff des Universums, wie wir es kennen. Sterne, Planeten, Monde, aber auch die Gaswolken zwischen den Sternen bestehen aus diesem Baustoff ebenso wie die Erde und alles, was sich darauf befindet: Pflanzen, Tiere, Menschen. Eigentlich ist das ein Grund zum Staunen: Kann das wirklich sein, dass die fernsten Sterne des Universums aus den gleichen Bestandteilen aufgebaut sind wie der Radiergummi auf dem Schreibtisch und das Akkordeon von Tante Cora? Dass die paar Elemente, die so

schön übersichtlich auf der Tafel »Periodensystem der Elemente« im Chemieraum hängen, wirklich im ganzen Weltraum vertreten sind? Die Astronomen sind sich in dieser Frage sicher: Sie haben das Licht von fernen Galaxien analysiert und festgestellt: Auch dort gibt es unsere irdischen Elemente.

Die Fähigkeit, auf Licht zu reagieren, zählt zu den besonderen Vorzügen der »hellen« Materie. Weil sie Licht reflektiert, können wir sie »sehen«. Die »helle« Materie reagiert aber nicht nur auf Licht. Man kann auf ganz verschiedenen Wegen mit ihr in Kontakt kommen. Zum Beispiel kann man über sie stolpern, wenn sie im Weg herumliegt. Man kann sie spüren, wenn Mutters Hand einem über das Haar streicht. Und man kann sie hören. Eine klingende Gitarrensaite versetzt die Moleküle der Luft und unser Trommelfell in Schwingungen: »Ding Dang Dong!« Die »helle« Materie ist überhaupt sehr kontaktfreudig. Man muss sie nur ein wenig erhitzen, in einem Backofen oder einem Kochtopf zum Beispiel, schon geht sie neue Verbindungen ein und kann sich sogar verwandeln. Sie kann fest, flüssig oder gasförmig werden.

All diese Eigenschaften hängen damit zusammen, dass jedes Element und jede Verbindung der »hellen« Materie aus den gleichen kleinen Teilchen zusammengesetzt sind: Es sind die Atome, die aus Atomkernen und unterschiedlich vielen Elektronen bestehen. Im Lauf der Zeit haben die Physiker zwar noch eine Menge anderer kleiner Teilchen aufgespürt und ihnen lustige Namen gegeben. Aber das ändert nichts daran, dass es vor allem auf die Atomkerne ankommt, sie sind der harte Kern unserer Materie. »Baryonische Materie«: So nennen die Physiker die »helle« Materie, »baryonisch«, weil sie aus Baryonen gebaut ist. Alles, was wir aus unserem Alltag kennen, besteht aus baryonischer Materie. Auch wir selbst bestehen aus dieser Materie.

BARYONEN

Das Wort kommt aus dem Griechischen und bedeutet »schwer«. Unter Baryonen verstehen die Physiker eine Familie kleinster Teilchen, zu denen unter anderen die Protonen und die Neutronen gehören, die Bestandteile des Atomkerns.

Das Problem mit der Dunklen Materie ist: Sie enthält nicht ein einziges Atom. Die Physiker rätseln, wie sie diese komische Materie überhaupt erforschen können. Da sie nicht aus Atomkernen besteht, kann man sie nicht fangen. Sie reagiert nicht auf geschlossene Türen und nicht auf die härtesten Titanplatten. Durch unsere baryonische Materie flutscht sie einfach durch. Auch Photonen, die superschnellen Träger des Lichts, haben keine Chance, bei der Dunklen Materie zu landen. Selbst elektrische Felder, mit denen die Physiker sogar einzelne Elektronen packen können, zeigen keinerlei Wirkung. Die Dunkle Materie tut so, als sei einfach alles Luft für sie.

Immerhin haben die Physiker schon ein Teilchen aufgespürt, das sich ähnlich verhält: das Neutrino.

Genau wie die Dunkle Materie tauchte das Neutrino zunächst nur als Idee eines Physikers auf. Der spätere Nobelpreisträger Wolfgang Pauli schlug 1930 in einem Brief an die »lieben radioaktiven Damen und Herren« eines Tübinger Kongresses vor, ein neues Teilchen einzuführen, weil in der Welt der kleinsten Teilchen sonst nicht alles zusammen gepasst hätte. Damals hatte niemand vom Neutrino auch nur einen kleinen Zeh gesehen.

Neutrinos entstehen unter anderem bei der Kernfusion in der Sonne und lassen sich nur schwer fangen. Genau wie die Dunkle Materie reagieren Neutrinos praktisch auf nichts und niemanden und rasen durch alles hindurch. Und zwar massenhaft: Man hat ausgerechnet, dass in jeder Sekunde fast eine Billiarde Neutrinos auf jedem Quadratzentimeter unserer Haut eintreffen. Doch wir merken davon nichts, weil die kleinen Flitzer uns fast mit Lichtgeschwindigkeit durchqueren. Trotzdem ist es den Wissenschaftlern gelungen, Fallen für Neutrinos zu bauen.

Eine davon befindet sich tief unter der Erde, im Gran-Sasso-Gebirge in den Alpen. In diesen Tiefen schwirren nicht so viele andere Teilchen herum, die bei der Neutrinojagd stören könnten. Im Gran-Sasso-Gebirge ließen die Forscher mehrere Hallen anlegen mit einem großen Tank darin. Dieser Tank ist mit dem Element Gallium gefüllt. Mit komplizierten Detektoren können die Forscher nachweisen, wenn ein Neutrino einen Galliumtank durchquert. Zwar sehen sie das Teilchen nicht selbst, aber sie können feststellen, wenn ein Neutrino mit einem Gallium-Atom zusammenstößt. Dabei entsteht nämlich ein radioaktives Element, das sich messen lässt. Es ist so ähnlich, als ob man in einem stockfinste-

DAS NEUTRÖNCHEN

Der spätere Nobelpreisträger Wolfgang Pauli nannte das neue Teilchen, das er sich 1930 ausgedacht hatte, ursprünglich Neutron. Leider war dieser Name schon an ein anderes Teilchen vergeben. Ein Kollege von Pauli, Enrico Fermi, taufte das Neutron deshalb in Neutrino um. Zu Deutsch: Neutrönchen.

ren Saal hineinhorcht, ob dort vielleicht irgendwo zwei Kinder zusammenstoßen und »Aua« sagen. Zwar sieht man die Kinder nicht, aber man weiß: Es gibt sie. Für die Forscher war es eine tolle Bestätigung, als unmittelbar vor der Supernova-Explosion in der Magellanschen Wolke (die im vorigen Kapitel beschrieben wurde) einige »Auas« im Gran-Sasso-Tank festgestellt wurden. Kurz bevor er explodierte, hatte der Stern Neutrinos ausgesandt. Genau das hatten die Wissenschaftler vorhergesagt.

Könnte man mit Hilfe des Tanks auch auf Spuren der Dunklen Materie stoßen? Es gibt Wissenschaftler, die das probieren. Einmal wurde sogar gemeldet, man habe schon ein erstes dunkles Teilchen in dem Tank dingfest gemacht. Doch dafür gab es keine Bestätigung.

Das Spannende an der Suche nach der Dunklen Materie ist, dass sich daran nicht nur die Astronomen und Astrophysiker beteiligen, sondern auch die Teilchenphysiker. Das sind die Forscher, die sich für die kleinsten Bausteine des Universums interessieren, die Atome und ihre noch kleineren Bestandteile. Offenbar gehören die größten und die kleinsten Dinge der Welt enger zusammen als es auf den ersten Blick scheint. All die unvorstellbar großen Galaxien in den fernsten Gegenden des Universums sind mit den kleinsten Teilen der Materie eng verwandt. Es könnte sein, dass die Rätsel des Universums unter einem Rasterelektronen-Mikroskop genauso gut zu erkennen sind wie in einem Weltraum-Teleskop. Und es ist kein Zufall, dass große Physiker wie Albert Einstein sich in beiden Welten sehr gut auskannten.

Ohne die Hilfe der Teilchenphysiker werden die Astronomen der Dunklen Materie nicht auf die Schliche kommen. Die Teilchenphysiker müssen ein raffiniertes Netz bauen, in dem die unbekannte Materie hängen bleibt. Sicher wird das kein Fischernetz sein mit Maschen aus Garn, sondern ein hochtechnologisches Netz, dessen Maschen vielleicht aus extrem tiefgekühlten Detektoren bestehen. Käme es in der extremen Kälte vor den Detektoren zu einer Kollision von Teilchen der Dunklen Materie, könnte man sie eventuell als Temperaturanstieg messen.

Schöner wäre es natürlich, wenn die Physiker mit ihren Detektoren auf die Spur großer weißer Hasen stoßen würden. Sie könnten dann in der wichtigen Zeitschrift »Nature« einen Artikel darüber schreiben, dass die gesuchte Schwerkraft in den Galaxien von unsichtbaren weißen Hasen ausgeübt würde. Viele Hasenzüchter würde das nicht besonders erstaunen. Hasen können schließlich sehr schwer werden und sich auch gut verstecken. Hocherfreut wären auf jeden Fall die Physiklehrer, denn sie könnten im Unterricht die Eigenschaften von hasenförmiger Dunkler Materie bestimmen lassen. Das würde Spaß machen. Leider ist es nicht unbedingt wahrscheinlich, dass die Dunkle Materie hasenförmig ist. Aber ausschließen kann man es auch nicht.

DIE WIMPS

stehen im Verdacht, zur Dunklen Materie zu gehören. Unter Wimps stellen sich die Physiker Teilchen vor, die mit anderen Teilchen nur sehr wenige Kontakte knüpfen. Anders als das extrem leichte Neutrino bringen die Wimps einiges an Masse auf die Teilchenwaage. Sie könnten, jedenfalls in der Theorie, die nötige Schwerkraft im Universum erzeugen. Einziges Problem: Bislang existieren die Wimps nur in den Überlegungen der Physiker.

Würden wir mit einem Raumschiff in eine dunkle nicht-baryonische Materiewolke vorstoßen, bestünde jedenfalls keinerlei Gefahr. Die Astronauten würden überhaupt nichts davon mitbekommen. Ganz anders wäre es, wenn das Raumschiff in die Nähe einer anderen Form von Materie geraten würde. Es ist eine Form von Materie, deren Dunkelheit sich sehr unterscheidet von der Dunkelheit, über die wir eben einiges erfahren haben. Diese Materie kann man nicht sehen. Aber man kann sie anfassen. Oder sagen wir lieber: Sie kann uns anfassen.

Das Geheimnis der Schwarzen Löcher

Diese Art Materie unterscheidet sich völlig von der Art, die wir bis jetzt kennen gelernt haben. Während die erste Art locker in den Galaxien verstreut ist und niemandem weh tut, konzentriert sich die zweite an festen Orten mitten in den Galaxien. Diese Orte sind sehr massiv, viel massiver als alles, was es auf der Erde gibt. Und sie wiegen enorm viel.

Unsere Sonne wiegt 1 989 000 000 000 000 000 000 000 000 (oder 1,9 Quadrilliarden) Tonnen. Das ist eine ordentliche Ladung, hundertmal mehr als alle acht Planeten unseres Sonnensystems inklusive unseres eigenen zusammen wiegen. Trotzdem ist es nur ein Klacks, ein Millionstel des Gewichts, das einige dieser seltsamen Orte erreichen.

Ein Millionstel. Das ist enorm, aber für die verwöhnten Leser dieses Buches klingt das nicht aufregender, als wenn es zum Frühstück Knäckebrot mit Kalbsleberwurst gibt. Wer bis hierher gekommen ist, hat es nicht nötig, über ein paar harte Brocken im Universum zu staunen. Wer bis hierher gekommen ist, weiß: Auf ein paar Millionen mehr oder weniger kommt es im Weltraum nicht an. Da braucht es härteren Stoff.

Nennen wir also erst einmal den Namen, den die Wissenschaftler diesen schwarzen Materieklumpen gegeben haben. Es ist ein Name, den selbst Leute mit Andacht aussprechen, die keine Ahnung haben, was er eigentlich bedeutet. Es ist ein Name, mit dem man Omas und Opas erschrecken kann und der einem den ganzen Tag verderben kann, wenn man zu sehr darüber nachdenkt. Es ist ein Name, der im Gehirn ein gefährliches Zittern in den Nervenbahnen auslöst. Denn er wirft endlose Fragen auf. Er lautet: Schwarzes Loch.

JOHN ARCHIBALD WHEELER

Erfunden hat den Namen ein amerikanischer Physiker namens John Archibald Wheeler. Das war im Jahr 1968, als sich nur wenige für das unglaubliche Geschehen beim Zusammenbruch eines großen Sterns interessierten. »Gefrorene Sterne« nannte man damals die Überbleibsel einer Supernova, weil die Wissenschaftler glaubten, dass sich in einer solchen Sternruine absolut nichts mehr rührte, dass sie bewegungslos, wie tiefgefroren im All schwebte. Wheeler aber war fasziniert von diesen Trümmerhaufen im Weltraum, denn er wusste, dass sie Eigenschaften entwickelten, die alles Wissen über den Weltraum, über Raum und Zeit auf den Kopf stellten. Er nannte das, was sich im Weltraum nach dem Tod eines großen Sterns bildet, ein »Schwarzes Loch«. Das Wort allein machte die Leute neugierig. Dass es mitten im Raum ein Loch geben könnte, war neu. Und es war sehr, sehr schwer, darüber nachzudenken.

Ein Schwarzes Loch ist kein Loch, durch das man hinausschauen kann wie durch ein Loch in der Wand. Im Gegenteil: Ein Schwarzes Loch bedeutet das Ende allen Sehens. Es verschluckt jeden Lichtstrahl, schenkt dem Auge nicht den kleinsten Reiz. Alles, was einen bestimmten Abstand zum Schwarzen Loch unterschritten hat, ist für alle Zeiten weg vom Fenster. Nichts dringt durch den Horizont hindurch, den ein Schwarzes Loch umgibt. Kein Ton, nicht der feinste Lichtstrahl, keinerlei Funk-, Röntgen- oder Radiosignal. Ein Schwarzes Loch ist ein absolut vollkommener Müllschlucker fürs Auge. Nichts von dem, was es einmal geschluckt hat, gibt es wieder her.

DIE SAUGER

Schwarze Löcher können sehr unterschiedlich groß sein. Das liegt daran, dass sie nach ihrer Entstehung jede Menge Materie aus ihrer Umgebung ansaugen.

Für Astronauten hat das eine seltsame Auswirkung. Wenn sie sich mit einem Raumschiff einem Schwarzen Loch nähern, dann können sie es nicht sehen, selbst wenn es von einem Stern kräftig angestrahlt würde. Asteroiden oder Planeten können bequem durch die Bordfenster beobachtet werden, doch da, wo das Schwarze Loch sich befindet, ist NICHTS zu sehen. Dabei muss dort etwas sein. Es muss sich dort etwas befinden, etwas Großes und Schweres.

Wie kann das sein? Die Antwort auf diese Frage lautet: In einem Schwarzen Loch ist die Gravitationskraft so stark, dass nicht einmal mehr Photonen, die Überträger des Lichts, ihr entkommen. Die Gravitationskraft ist so stark, weil dort ein ganzer Stern in sich selbst zusammengestürzt ist. Als sein Brennstoff zur Neige ging, hat er sich in einer gigantischen Explosion in die Luft gesprengt, und dann begann sein Inneres, angezogen von der eigenen großen Schwerkraft, ineinander zu stürzen. Nichts gab es mehr, was die Gewalt dieser Schwerkraft stoppen konnte. Keine Kernfusion, kein mächtiges Feuer, das Energie produzierte und nach außen schickte.

Viel Nichts auf einem Haufen

Nur Sterne, die mindestens zwanzigmal so viel Masse haben wie unsere Sonne, können sich in Schwarze Löcher verwandeln. Nur in ihrem Inneren entsteht so viel Schwerkraft, dass die gesamte Sternenmasse sich zusammenziehen kann. So viel Schwerkraft, dass sie ausreicht, die unvorstellbar große Masse dieses Sterns, die Überreste seines langen kosmischen Lebens, auf immer kleineren Raum zu quetschen. Keinen Halt gibt es auf diesem Weg. Der einst riesige Stern schrumpft in wahnsinniger Geschwindigkeit auf die Größe der Erde, die Größe eines Asteroiden, eines Apfels und macht nicht einmal Halt, wenn er die Größe eines winzigen Atomkerns erreicht hat. Weil die Masse bei diesem Schrumpfungsprozess immer dichter wird, verstärkt sich die Schwerkraft immerfort und saugt mühelos den gesamten Stern ein. Selbst die kleinsten Teilchen der Materie werden geknackt. Im Inneren des Schwarzen Lochs gibt es keinerlei Teilchen mehr, keine Atome, keine Elektronen, keine Protonen und Neutronen, keine Neutrinos. Im

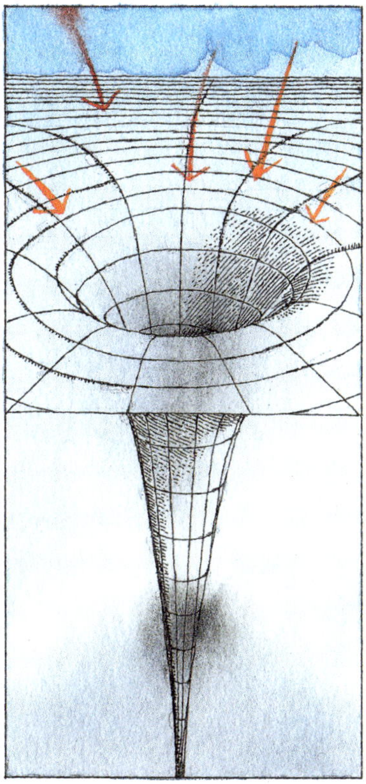

Inneren eines Schwarzen Lochs existiert nichts, dem wir einen Namen geben können.

Nichts? Das Ergebnis dieser rasenden Schrumpfung ist etwas, für das kein Gesetz der Physik und keine mathematische Gleichung mehr existiert. Im Loch befindet sich nichts mehr, was wir uns vorstellen können. Die gesamte Masse des Sterns hat sich in einem Punkt verdichtet, einem Punkt, der unendlich dicht ist und zugleich keinen Umfang mehr hat. Dieser Punkt enthält nichts mehr, was in unserer Welt eine Bedeutung besitzt. Singularität, »Einzigartigkeit«, nennen die Astrophysiker diesen Punkt.

Auch für hartgesottene Weltraumforscher ist das schwer zu verkraften. Ein riesiger Stern verschwindet in Bruchteilen von Sekunden von der Bildfläche. So verrückt ist diese Vorstellung, dass selbst Albert Einstein sie nicht für möglich hielt. Und Einstein hielt eine Menge verrückter Dinge für möglich.

Doch der Erfinder der Relativitätstheorie war überzeugt, dass selbst zusammenbrechende Sterne irgendwann aufgehalten werden würden, dass nicht all ihre Masse auf einen Punkt zusammenschrumpfen könnte, einen Punkt, der keine Ausdehnung besitzt.

Heute allerdings hätte auch Einstein keine Zweifel mehr am Vorhandensein Schwarzer Löcher. Die Wissenschaftler haben jede Menge Indizien zusammengefügt. Sie wissen, dass die größeren der Schwarzen Löcher eine Masse in sich vereinigen können, die millionenmal so groß ist wie die Masse unserer Sonne. Und dass sie diese Masse in einem einzigen Punkt vereinen. Freilich merkt jeder, der sich mit dem Raumschiff einem Schwarzen Loch nähert, dass sich dieser finstere Punkt im All von einem normalen Punkt, etwa dem Punkt auf diesem i, heftig unterscheidet.

Von weitem sieht ein Schwarzes Loch einfach nur schwarz aus, ein kleiner sternenloser Fleck im endlosen All. Doch je näher Astronauten in einem Raumschiff einem solchen Fleck kommen, desto größer wird er. Unaufhörlich breitet sich das Schwarz vor den Fenstern aus, bis es irgendwann die Sterne und den restlichen Kosmos verdrängt hat. Das Raumschiff schwebt wie in einem finsteren Tunnel, in den nur ganz von fern noch etwas Licht hineinscheint. Wenn es so weit gekommen ist, sollten die Astronauten schleunigst das Weite suchen.

Denn das Schwarze Loch saugt mit seiner gigantischen Schwerkraft alles an, was sich in der Umgebung aufhält. Die größten unter den Schwarzen Löchern entwickeln, wenn sie sich ordentlich vollgesogen haben, so viel Schwerkraft, dass sie kräftig dabei mithelfen, die Galaxien zusammenzuhalten.

Mit ihrer eigenen Schwerkraft schaffen die Sterne das nämlich nicht.

Doch wehe, man kommt ihnen zu nahe. Alles, was sich einem Schwarzen Loch auf eine kritische Distanz nähert, versinkt unausweichlich in einem ewigen Abgrund. Auf einem Schwarzen Loch kann man nicht landen, umhergehen und wieder starten. Ein Schwarzes Loch ist kein Himmelskörper wie andere. Es ist ein Loch in Raum und Zeit, das alles verschlingt. Nicht die kleinste Nachricht eines Versunkenen würde jemals wieder den Rest des Universums erreichen. Kein Funkspruch, kein Lichtsignal. Wer in den Schlund eines Schwarzen Lochs gerät, ist für immer verloren. Die Physiker können den Bereich angeben, von dem an die Reise ohne Wiederkehr beginnt. Man nennt diese Zone den Schwarzschild-Horizont oder den Ereignishorizont. Er umgibt die Singularität, den Punkt in der Mitte, und ist umso größer, je mehr Masse das Loch verschlungen hat.

DIE ERDE ALS SCHWARZES LOCH

Die Erde ist viel zu klein, um als Schwarzes Loch zu enden. Trotzdem kann man ausrechnen, wie groß ein Schwarzes Loch mit der Masse der Erde wäre. Die Zone, aus der kein Lichtstrahl mehr nach außen dringt, hätte in diesem Fall einen Radius von 9 Millimetern. Auf diesem winzigen Raum wäre die gesamte Masse der Erde versammelt.

Der Ereignishorizont ist die Grenze zum Nichts. Jeder kleine Asteroid, jeder Lichtstrahl, der diese Grenze passiert, verschwindet spurlos. Für die Physiker früherer Zeiten wäre das kaum verständlich gewesen. Sie waren überzeugt, dass alles, was im Universum geschieht, Spuren hinterlässt, dass sich jedes Ereignis zurückverfolgen lässt. Alles, was auf der Welt passiert, hat seinen Grund in etwas, das vorher war, in etwas, das sich berechnen ließe, wenn man nur wollte. Bis zum Urknall, dem Beginn der Zeit, müsste sich diese Kette von Gründen fortsetzen lassen.

Anders im Schwarzen Loch. Was hier landet, verschwindet komplett von der Bildfläche und fehlt in der Kette von Gründen. Nur die Schwerkraft ist noch da. Bis heute tun sich die Physiker schwer, das zu akzeptieren. Und sie streiten darum, ob wirklich alle Informationen, die in ein Schwarzes Loch geraten, unwiederbringlich verloren sind. Oder ob nicht durch irgendwelche Löcher, die mit Hilfe moderner physikalischer Theorie errechnet werden, die eine oder andere Information über die Vergangenheit des Lochs hinausschlüpfen könnte. Da niemand überprüfen kann, wie es sich in der Praxis verhält, wird der Streit der Theoretiker, an dem der berühmte Physiker Stephen Hawking entscheidenden Anteil hat, sicher noch eine Zeit lang weitergehen.

Der Horizont bildet aber nicht nur eine Grenze für Licht und Informationen. Er bildet auch eine Grenze für Raum und Zeit. Albert Einsteins berühmte Überlegungen haben gezeigt, dass Raum und Zeit nicht einfach vor sich hin bestehen, sondern miteinander und mit der Materie auf höchst überraschende Weise verbunden sind. Später werden wir darauf noch näher eingehen.

Als Spaghetti-Astronaut ins Schwarze Loch

Schon jetzt allerdings müssen wir darauf hinweisen, dass Schwarze Löcher mit Raum und Zeit eine ganz besonders enge Verbindung eingegangen sind. Mit ihrer ungeheuren Schwerkraft halten sie nämlich nicht nur ganze Galaxien zusammen, sie machen auch etwas, was wir uns beim besten Willen nicht mehr vorstellen können. Sie verknautschen Raum und Zeit um sich herum, sie »krümmen« ihre Umgebung, sagt der Physiker dazu.

Im Prinzip krümmt jeder Himmelskörper Zeit und Raum. Selbst ein Mensch krümmt den Raum ein kleines bisschen. Nur fällt das nicht weiter auf, weil die Krümmung außerordentlich gering ist. Im Fall eines Schwarzen Lochs ist das anders. Die Krümmung wird dort so stark, dass alles, was dort hingelangt, völlig verzerrt aussieht, wie in einem Rummelplatzspiegel. Ein Astronaut, der sich dem Ereignishorizont nähert, würde für seine Freunde, die ihn von fern beobachten, immer weiter in die Länge gezogen, bis er so dünn wäre wie eine Spaghetti. Zugleich würden die Freunde feststellen, dass sich die Zeit des Astronauten verändert. Verglichen mit ihrer Zeit läuft sie immer langsamer. Sie dehnt sich, sagen dazu die Physiker. Sobald der Astronaut den Horizont erreicht hat, hat sich die Zeit so gedehnt, dass sie zum Stillstand kommt. Jenseits des Ereignishorizonts vergeht für uns keine Zeit mehr.

Das ist nicht gerade die Art von Neuigkeit, die einem Uhrmacher Freude macht. Die Vorstellung, mitten im Universum auf eine Uhr zu stoßen, die einwandfrei funktioniert und trotzdem still steht, passt nicht zu der Art von Zeit, die Uhrmacher für ihr Handwerk benötigen. Doch die Astrophysiker sind sich sicher, dass die Sache mit dem gekrümmten Raum und der gedehnten Zeit stimmt, auch wenn sie noch nie in der Nähe eines Schwarzen Lochs gewesen sind. Aber ihre Theorien haben sie in vielen anderen Beobachtungen testen können. Und sie haben immer funktioniert. Allerdings können sich auch die besten Astronomen nicht vorstellen, wie sich die große Raumzeit-Zerknautschung anfühlt. Das menschliche Gehirn ist für diese Art Denken einfach nicht geeignet.

Trotzdem kann man natürlich versuchen, es zu verstehen, sogar wenn man noch sehr jung ist und zur Kinder-Uni geht. Der beste Platz, um die Raum-

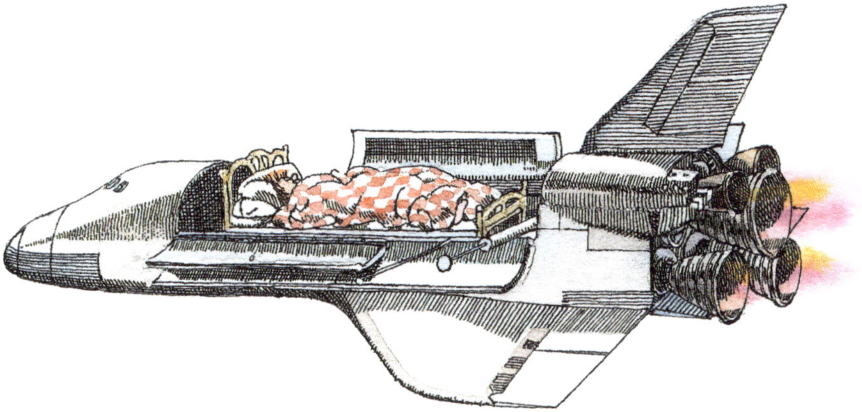

zeit zu erforschen, ist ein großes gemütliches Bett. Kinder, die sich für Schwarze Löcher interessieren, sollten sich unter die Bettdecke verziehen. Dort müssen sie sich vorstellen, sie selbst seien ein großes Schwarzes Loch geworden, das von vielen Raumschiffen umkreist wird. Dieses Schwarze Loch zieht jetzt das dicke Federbett an sich, bis die Federn sich mächtig krümmen. Schon ist es ein bisschen so, als würde der Raum um sie herum zerknautscht. Nun muss allerdings noch der Ereignishorizont überschritten werden, damit auch die Zeit stillsteht. Am Besten geht das, wenn die Kinder die Raumschiffe zählen, die um das Schwarze Loch kreisen. Große und kleine Raumschiffe, Raumschiffe mit Photonentriebwerk und Raumschiffe mit Warp-Antrieb, blaue, rote und grüne Raumschiffe, Raumschiffe mit Schutzschilden und Raumschiffe mit Schäfchenfell. Konzentrieren wir uns auf die Raumschiffe mit Schäfchenfell! Wie viele sind es? Eins, zwei, drei, vier, fünf …? Meistens geschieht, wenn alle Raumschiffe gründlich gezählt sind, etwas Erstaunliches: Plötzlich steht die Zeit still.

Die Geheimnisse von Zeit und Raum

Raum und Zeit kommen uns so ewig und unveränderbar vor wie die Schule oder das Zähneputzen. Man kann nichts gegen sie unternehmen. Auch wenn es noch so schön wäre, durchs Nirgendwo zu schweben und keinen Wecker mehr stellen zu müssen. Gegen Zeit und Raum kommt man einfach nicht an, sie sind zu stark. Oder? War da nicht mal was? Gab es da nicht diesen Einstein?

Dieses Kapitel beschäftigt sich mit der berühmtesten Theorie der Physik. Sie heißt Relativitätstheorie und man kann mit ihrer Hilfe zum Beispiel erklären, wie der Weltraum entstanden ist und wie es mit ihm weitergeht. Ohne die Relativitätstheorie wäre die Weltraumforschung langweilig. All die Dinge, die im Universum passieren, würden wir nicht verstehen.

Entwickelt hat die Relativitätstheorie der berühmteste oder mindestens zweitberühmteste Physiker, der jemals lebte: Albert Einstein. Viele Leute glauben, dass seine Theorie nicht nur die berühmteste, sondern auch die schwierigste Theorie der Physik ist. Eigentlich sei es gar nicht möglich, sie zu verstehen, weil es bei ihr um Raum und Zeit geht, zwei äußerst glitschige Themen, die einem das Gehirn mächtig verbiegen können, wenn man sie festhalten will. Erwachsene sprechen zwar oft mit bedeutungsvollem Gesicht von der Relativitätstheorie, aber die meisten haben überhaupt keine Ahnung, was sie wirklich bedeutet. Ihre Gehirne sind viel zu morsch. Glitschige Themen flutschen einfach durch.

Kinder haben zum Glück noch ein relativ weiches und biegsames Gehirn, das sich gut verknautschen lässt. Sie können, wenn sie sich etwas anstrengen, die Relativitätstheorie verstehen. Allerdings sollten auch Kinder darauf achten, dass sie ihr Gehirn beim Verstehen der Relativitätstheorie nicht allzu sehr verknautschen oder sogar erwärmen und es anschließend mit Unmengen von teurem Schokoladeneis kühlen müssen. Das wäre schlimm. Wir hoffen deshalb, dass dieses Kapitel ohne Gehirnüberhitzung endet. Für alle Fälle sollten sich die Kinder aber überlegen, wo das nächste Schokoladeneis zu bekommen ist. Nur für den Fall, dass der Kopf sich plötzlich warm anfühlt.

Komischerweise wurde auch der Schöpfer der Theorie, Albert Einstein, davor gewarnt, sich mit so schwierigen Themen wie Raum und Zeit zu beschäftigen. Sein Professor Heinrich Weber glaubte an die Gesetze, die Isaac Newton im Jahr 1687 aufgestellt hatte. Newton war der berühmteste oder mindestens zweitberühmteste Physiker, der jemals lebte. Er war der Überzeugung, dass alles Geschehen der Welt sich in einem einzigen großen Raum abspielt. Egal, ob in einer fernen Galaxie ein Asteroid mit einem Planeten zusammenstößt oder auf der Erde ein kleines beleidigtes Mädchen die Parfümflaschen seiner Mutter aus dem Fenster hinauswirft: Alles, was im Universum passiert, findet in diesem einen gigantisch großen Raum statt. Und für alles gilt exakt die gleiche Zeit.

Es gibt einen absoluten Raum. Und es gibt eine absolute Zeit. Das waren seit Newton zwei heilige Sätze in der Physik. Niemand wagte sie anzuzweifeln, denn sie leuchteten jedem unmittelbar ein. So wie Tisch und Stuhl in einem Zimmer, so stellte man sich auch die Sterne und Planeten im Universum vor. Sie waren so etwas wie die Möbelstücke im Weltraum. Würde man sie herausnehmen, wäre der Raum zwar leer, aber noch da. Man könnte, wann immer man Lust dazu hätte, wieder etwas Neues hineinstellen. Genau das Gleiche galt für die Zeit: So wie die Uhren auf der Erde an jedem Ort gleich tickten, so

SPEZIELL UND ALLGEMEIN

Die Relativitätstheorie gibt es in zwei Ausführungen: Die »spezielle« sagt voraus, wie sich Körper in einem Universum bewegen, wenn keine Schwerkraft auf sie einwirkt. Die »allgemeine« beschreibt die Wirkung der Schwerkraft auf Raum und Zeit.

mussten sie selbstverständlich auch an jedem Ort des Universums gleich ticken. Auch in einem absolut leeren Universum würde die Zeit unbeirrbar weiter fließen. Tick tack. Tick tack. Tick tack.

Heinrich Weber, der Lehrer von Albert Einstein, glaubte fest an den absoluten Raum und die absolute Zeit. Er wollte nicht, dass seine Studenten ihre Kraft mit irgendwelchen Fantastereien vergeudeten. Leider interessierte sich sein Student Einstein mehr für Fantastereien als für langweilige Absolutheiten. Statt brav in den Vorlesungen seines Professors zu sitzen, las er lieber Unmengen Aufsätze und Bücher über Philosophie und rätselhafte physikalische Experimente. Ihn interessierten nicht die Vorgänge, die sich brav an die Hausordnung des Universums, Newtons physikalische Gesetze, hielten. Ihn interessierten die Problemfälle, die Störenfriede der Physik.

HATTE EINSTEIN SCHLECHTE NOTEN?

Auch Einstein ist sitzen geblieben: Damit trösten sich viele Schüler. Leider zu Unrecht. Die angeblich schlechten Noten von Einstein waren eine Erfindung seines ersten Biografen. Er wusste nicht, dass die Sechs in der Schweiz die beste Note war. Tatsächlich absolvierte Einstein sein Abitur als Klassenbester.

Wie man Nobelpreise bekommt

Seiner Karriere tat das Interesse an Störenfrieden nicht gut. Als Einziger von vier Absolventen wurde er nach dem Studium nicht eingestellt, obwohl er von allen der klügste war. Er hatte es nämlich als Einziger gewagt, die Überzeugungen seines Lehrers zu kritisieren, Widerworte zu geben! Einstein war es ziemlich egal, was die anderen sagten, selbst wenn sie Weber oder Newton hießen. Er glaubte nur, was ihm selbst einleuchtete. Mit dieser Einstellung ist es nicht einfach, eine Stelle zu finden. Aber man bekommt damit Nobelpreise.

In der Welt von Isaac Newton liefen die Dinge sehr geordnet ab. In dem riesigen Raum, der alle Galaxien umfasste, und in der einheitlichen Zeit,

die für alle galt, funktionierte die Physik verlässlich wie ein Bauklötzchenspiel. Stellt man auf ein Klötzchen ein zweites und ein drittes, ist der Turm genau drei Klötzchen hoch. So einfach wie mit Klötzchen gingen die Newtonianer auch mit Geschwindigkeiten um. Wenn man in einer Kutsche, die mit 20 Kilometern pro Stunde unterwegs war, ein Zuckerstück mit 5 Stundenkilometern nach vorn zu den Pferden warf, dann hatte das Zuckerstück für einen Beobachter am Wegesrand insgesamt ein Tempo von 25 Stundenkilometern. 20 plus 5 ergeben schließlich 25. Umgekehrt verringerte sich die Geschwindigkeit, wenn das Zuckerstück nach hinten geworfen wurde. Das Stück flog dann mit 20 minus 5 Stundenkilometern, also mit 15 Stundenkilometern, auf die Straße. Jedenfalls musste es ein Beobachter am Wegesrand so messen.

Jede Geschwindigkeit konnte nach diesem Prinzip berechnet werden. Egal, wie schnell jemand unterwegs war: Wenn er von seinem Gefährt aus irgendetwas in die Bewegungsrichtung schleuderte, musste es schneller sein als das Gefährt, und umgekehrt. Das Prinzip galt nicht nur für Fahrzeuge auf der Erde, es galt für alle Himmelskörper inklusive unseres eigenen Planeten. Denn auch die Erde ist ständig in Fahrt, dreht sich mit 1647 Stundenkilometern um sich selbst und mit über 100 000 Stundenkilometern um die Sonne. Auch hier musste ein Zuckerstück, das in Drehrichtung geworfen wurde, schneller sein als eines in der anderen Richtung. Das Prinzip mit dem Zusammenzählen von Geschwindigkeiten schien narrensicher. Es hatte sich immer wieder bewährt. Jedes Experiment, mit dem es infrage gestellt werden sollte, war fehlerhaft gewesen. Jedes bis auf eines.

Dieses Experiment starteten im Jahr 1887 die beiden amerikanischen Physiker Albert Michelson und Edward Morley. Damals konnten sich viele Physiker nicht vorstellen, dass Licht einfach schwerelos durch das Nichts rasen kann. Irgendetwas, meinten sie, muss da sein, an dem sich das Licht von einem Ort zum anderen hangeln kann. Ein Brief brauche einen Briefträger, die Lokomotive eine Schiene und selbst der Schall braucht Luft, um weiterzukommen. Auch das Licht, meinten die Physiker, braucht deshalb ein Transportmittel, irgendeine Substanz, die den ganzen Weltraum füllt, irgendeinen »Äther«. Nach ihren Ideen raste die Erde durch diesen Äther wie ein Kartoffelkloß durch eine Schüssel Suppe.

Der Fehler, der nicht sein darf

Michelson und Morley wollten mehr über den geheimnisvollen Äther herausbekommen und stellten ihm eine Lichtfalle. Wenn sie in Flugrichtung der Erde einen Lichtstrahl schickten, so überlegten sie, dann müsste dieser Strahl doch von der Äthersuppe abgebremst werden. Sie bauten ein kompliziertes Gerät, mit dem sie die verschiedenen Lichtgeschwindigkeiten ganz genau messen konnten. Weil das Gerät auf keinen Fall wackeln durfte, ließen sie am Tag ihres Experiments den Verkehr rund um ihr Institut anhalten. Dann drückten sie auf den Lichtschalter und bekamen ziemlich lange Gesichter. Denn egal, in welche Richtung sie den Lichtstrahl auch schickten: Die Geschwindigkeit des Lichts war immer die gleiche.

Die beiden Experimentatoren konnten das nicht glauben. Immer wieder überprüften sie ihr Experiment. Auch andere Physiker überprüften es, doch niemand entdeckte einen Fehler. Wie man die Lichtfalle auch drehte und wendete: Das Licht raste immer mit dem gleichen Tempo hindurch.

Das Problem war nicht nur, dass die Physiker über ihren Äther nichts erfuhren. Ihr Experiment widersprach auch noch Newton. Nach seinen Gesetzen musste nämlich die Lichtgeschwindigkeit plus der Erdgeschwindigkeit auf jeden Fall höher sein als die Lichtgeschwindigkeit minus der Erdgeschwindigkeit. Doch Fehlanzeige. In allen Richtungen war das Licht gleich schnell.

Man könnte nun sagen: Na und? Passt Newton halt in diesem Fall nicht, dafür passt er in allen anderen Fällen. Das sollte doch reichen. Alle Fälle minus eins ist so gut wie alle. Wer so denkt, kennt keine guten Physiker. Ein guter Physiker möchte die Welt komplett verstehen. Er kann nicht dulden, dass etwas nicht zu seiner Theorie passt, und sei der Fehler auch noch so klein. Für ihn ist es, als ob in einem spannenden Abenteuerroman mitten drin zwei Seiten fehlen. Es nervt ohne Ende.

Albert Einstein kannte das Michelson-Morley-Experiment. Und er dachte unentwegt darüber nach, warum ausgerechnet die Lichtgeschwindigkeit sich nicht so verhielt, wie es Newton für alle Geschwindigkeiten vorausgesagt hatte. Im Jahr 1905 arbeitete Einstein am Patentamt in Bern. Er war ein einfacher Angestellter »dritter Klasse«. Keine Universität wollte den Mann einstellen, der wenig später die ganze Physik revolutionierte.

Zum Glück war die Arbeit im Patentamt für physikalische Revolutionäre ausgesprochen gut geeignet. Einstein verdiente genug Geld und lernte eine Menge kluger Erfinder kennen, deren Erfindungen er beurteilen musste. Und er hatte viel Zeit zum Nachdenken.

Einstein beschloss, das Experiment von Michelson und Morley ernst zu nehmen. Statt weiter nach Fehlern zu suchen, ging er als erster Physiker davon aus, dass es stimmte und die Lichtgeschwindigkeit durch nichts gesteigert werden konnte und damit die absolute Spitzengeschwindigkeit im Universum war. Egal, ob eine Lampe auf einem lahmen Eselskarren oder in einem überschallschnellen Flugzeug angeknipst wird, ihr Licht schickt sie immer mit der gleichen Geschwindigkeit aus: 299 792 Kilometer pro Sekunde. Wenn es egal war, wo sich die Lampe befand, war es auch egal, wo sich die Beobachter befanden und wie schnell sie unterwegs waren. Egal, von wo aus das Licht betrachtet wird: Einstein beschloss, dass es immer das gleiche Tempo haben sollte.

RELATIV RUHIG IM ABTEIL

Nur beim Bremsen und Anfahren merken Bahnreisende, dass ihr Wagen fährt. Während der Fahrt spüren sie nichts von der Geschwindigkeit. Kein Mensch weiß daher, ob er sich an einem wirklich »ruhigen« Ort befindet oder unterwegs ist – egal, wo im Universum er sich gerade aufhält. Selbst wenn es einen »absoluten Raum« gäbe: Man könnte ihn nicht finden.

Vom Standpunkt des absoluten Raums aus gesehen, konnte das nicht gut gehen. Nehmen wir an, der absolute Raum sei so etwas wie ein riesiges Wohnzimmer, auf dessen Boden ein Beobachter in einem Lehnstuhl sitzt. In unserem Gedankenexperiment verfolgt er gemütlich, wie sich überall die Galaxien drehen und die Sterne leuchten. Plötzlich sieht er ein Raumschiff mit Lichtgeschwindigkeit vorbeifliegen. In diesem Raumschiff spuckt gerade ein Passagier dem Mann vor ihm einen Kirschkern an den Kopf. Vom Lehnstuhl aus, dem absoluten Bezugssystem, muss dieser Kirschkern sich schneller bewegen als das Raumschiff und damit schneller als die Lichtgeschwindigkeit. Es geht nicht anders. Wäre der Kirschkern nicht schneller als das lichtschnelle Raumschiff, könnte er niemals den

Nachbarn erreichen. Er bliebe ewig im Mund. So sah das auch Einstein. Deshalb schaffte er den absoluten Raum kurzentschlossen ab.

Damit änderte sich alles: Es gab nun kein Bezugssystem mehr, das für alle galt. Wie schnell jemand unterwegs war, hing plötzlich davon ab, wer wo mit welchem Tempo die Geschwindigkeit maß. Man kann sich das vorstellen wie eine Fahrt auf einer vielspurigen Schnellstraße. Vom eigenen Auto aus gesehen, fährt ein Lastwagen, der überholt wird, rückwärts. Und ein Auto auf der Nachbarspur, das mit dem gleichen Tempo unterwegs ist wie man selbst, steht still.

Damit haben wir ein Grundprinzip der Relativitätstheorie verstanden. Wie wir die Dinge sehen, hängt von unserem Standpunkt und unserer Geschwindigkeit ab. Und das gilt nicht nur für sechsspurige Schnellstraßen. Auch wenn wir absolut regungslos auf der Erde stehen, sind wir immer auf Achse, weil die Erde mit großem Tempo durchs All rast. Weil es so schön bequem ist, tun wir zwar so, als sei unsere Erde so etwas wie ein absoluter Raum. Wir sagen: Der Ferrari ist 311 Kilometer pro Stunde schnell und der McLaren Mercedes nur 297. Tatsächlich aber sieht die Sache anders aus, wenn wir in einem Raumschiff an den beiden Rennwagen vorbeifliegen würden. Vom Bezugssystem Raumschiff aus sind die beiden ziemlich langsam. Wir stellen deshalb fest: Das Universum mit seinen vielen kreisenden Himmelskörpern ist offenbar so etwas wie eine dreidimensionale Rennstrecke, in der nur eines fehlt: die Tribüne.

Einstein erkannte schnell, dass die Erde bloß eines unter vielen Bezugssystemen ist, und er erkannte vor allen Dingen, dass es gar kein absolutes Bezugssystem gibt. Egal, wo wir unsere Radarfallen im Kosmos auch aufbauen, irgendwie sind wir immer in Bewegung, verändern unseren Ort gegenüber anderen Orten, befinden uns immer in Relation zu anderen. In einem berühmten Satz hat Einstein diese Erkenntnis einmal ausgedrückt. Auf die Frage, ob er seine Relativitätstheorie in einem Satz formulieren könnte, antwortete er: »Wann hält Zürich an diesem Zug?«

Ganz einfach sagt dieser Satz, dass alles eine Frage des Standpunkts und der Beobachtung ist.

Die Beobachtung, dass die Lichtgeschwindigkeit nicht gesteigert werden kann, hat uns zur Erkenntnis gebracht, dass es keinen absoluten Raum und kein absolutes Bezugssystem gibt. Das war einfach. Jetzt wird es etwas schwieriger, denn wir müssen etwas lernen, wogegen sich unser Gehirn sträubt. Wir müssen lernen, dass ein Kilometer nicht immer ein Kilometer ist und eine Stunde nicht immer eine Stunde. Dazu müssen wir ein Gedankenexperiment starten, das eventuell zu einigen Gehirnverknautschungen führen könnte. Wir sollten deshalb vorsichtshalber kurz ein Schokoladeneis schlecken. Nur zur Vorbeugung.

RAUM OHNE WÄNDE

Die meisten Leute glauben immer noch, dass die Himmelskörper in einer Art gigantischem Raum schweben, einem absoluten Raum, in dem auch die Zeit gleichmäßig fließt. Doch wie soll ein Raum ohne irgendetwas drin, ein Raum ohne Wände drum herum aussehen? Niemand kann sich so einen Raum vorstellen. Seit Einstein wissen wir, dass es einen solchen Raum gar nicht gibt.

Achtung! Fliegende Kirschkerne!

Für das Gedankenexperiment erinnern wir uns an das Raumschiff mit dem Kirschkernspucker. Nehmen wir an, der Kirschkernspucker hält den Guinness-Buch-Rekord im doppelseitigen Kirschkernspucken. Er kann Kirschkerne nicht nur gleichzeitig nach links und rechts ausspucken, sondern aufgrund einer überaus seltenen und außerordentlich hohen Lungenkapazität auch mit Lichtgeschwindigkeit. Er könnte also im selben Moment den Mann vor ihm (es ist der Erdkundelehrer Herr Brom) und die Frau hinter ihm (es ist die Musiklehrerin Frau Krempel) mit je einem Kirschkern erreichen. Wenn beide exakt gleich weit von ihm entfernt sitzen, bekommen sie beide auch exakt im gleichen Moment einen Kirschkern auf den Kopf.

Jedenfalls aus Sicht des sensationellen Guinness-Buch-Kirschkernspuck-Rekordhalters. Anders sieht die Sache für den Schüler Bernd aus. Er hat eine Sechs in Erdkunde und eine Fünf in Musik und befindet sich nicht im Raumschiff, sondern auf einem Planeten am Wegesrand. Für ihn bewegt sich das Raumschiff von links nach rechts. Damit bewegen sich auch die beiden Lehrer, während die Kirschkerne zu ihnen unterwegs sind, von links nach rechts.

Weil die Lichtgeschwindigkeit immer gleich hoch ist, egal, von wo aus man sie beobachtet, bewegen sich die beiden Kirschkerne von Bernds Position aus mit exakt der gleichen Geschwindigkeit voran. Für Kirschkern eins (unterwegs zur Musiklehrerin) ist der Weg allerdings etwas kürzer, weil die Musiklehrerin ihrem Kern entgegenfliegt, während für Kirschkern zwei (unterwegs zum Erdkundelehrer) der Weg etwas länger ausfällt. Bernd wird deshalb als Erstes die Musiklehrerin bedauern. »Oh je. Die arme, arme Frau Krempel! Sie hat sich wehgetan. Aua!« Und erst danach seinen Erdkundelehrer: »Der arme, arme Herr Brom! Bekommt einen Kirschkern direkt ins Nasenloch. Wie furchtbar!«

Bernd kann also beide Ereignisse nacheinander sehen, während der berühmte Guinness-Buch-Rekord-Kirschkernspucker sich entscheiden muss: Da er sich mit genau dem gleichen Tempo wie Frau Krempel und Herr Brom bewegt, hat er auch stets den gleichen Abstand zu beiden. Folge: Die Lichtstrahlen von beiden Ereignissen erreichen ihn zur gleichen Zeit. Er kann nur ein einziges Mal »Wie schrecklich!« denken.

Für Bernd hat der Kirschkernflug also ein paar interessante Folgen. Er sieht zwei Ereignisse, die im Raumschiff gleichzeitig passieren, kurz nacheinander. Während an Bord des Raumschiffs zwischen den beiden Ereignissen keine Zeit vergeht, kriecht der Sekundenzeiger von Bernds Uhr ein winziges Stückchen weiter. Von Bernd aus gesehen ticken die Uhren an Bord des Raumschiffs also langsamer als die Uhr an seinem Handgelenk. Die Zeit dehnt sich.

Moooooment mal! Die Zeit dehnt sich? Das geht jetzt aber eine Spur zu schnell. Die kleine Kirschkernspuckerei soll solche Folgen haben? Eine Zeitdehnung? Unmöglich! Wir sind doch hier nicht bei David Copperfield! Kaum schaut man einen Moment nicht so genau hin, ist schon die Freiheitsstatue verschwunden. Oder der Zauberer spaziert durch eine Tresorwand. Halten wir mal fest: Selbst wenn Bernd in unserem Beispiel die Ereignisse nacheinander sieht, heißt das noch nicht, dass sie auch »in Wahrheit« nacheinander passieren! In Wahrheit, also von einem übergeordneten Standpunkt aus gesehen, passieren sie natürlich weiterhin gleichzeitig!

Natürlich? Leider ist genau dies der Standpunkt der alten Physik. Der Physik, die noch an den absoluten Raum, die absolute Zeit und ein absolutes Bezugssystem für alle Ereignisse glaubte. Wir aber hatten ja schon festgestellt, dass es einen solchen Standpunkt überhaupt nicht gibt. Niemand kann sich auf den Boden des absoluten Raums setzen und die Himmelskörper angucken, wie sie »in Wahrheit« sind. Die Wahrheit ist: Alles, was im Weltraum geschieht, ist abhängig davon, wie es gesehen wird. Alles ist abhängig vom »Bezugssystem«, in dem es beobachtet wird. Nichts geschieht wirklich gleichzeitig, nichts geschieht für sich, in einer »wahren«, unbeobachteten Welt. So eine Welt gibt es nicht. Die Frage danach ist sinnlos.

Das ist harter Stoff. Und wir sollten darüber nachdenken, ob es vielleicht wieder an der Zeit ist, sich ein kleines cremiges Schokoladeneis zu genehmigen. Die Sache mit der Relativität könnte sonst doch die gefürchtete Gehirnüberhitzung auslösen, die bekanntlich zu mindestens drei Wochen Erholungsheim mit Rote-Beete-Salat zum Frühstück führt.

Abschied vom Lehnstuhl

Unser Problem ist, dass wir im Alltag einfach daran gewöhnt sind, die Welt aus der Lehnstuhlperspektive zu sehen. Nach unserem Gefühl ist die gute alte Erde das absolute Bezugssystem des Universums. Von hier aus verfolgen wir entspannt alle Bewegungen. Und wohin wir auch sehen: Nirgendwo schrumpft Raum oder dehnt sich Zeit.

Tatsächlich kann man das Schrumpfen und Dehnen nicht sehen. Da wir uns auf der Erde alle mit der gleichen Geschwindigkeit durchs Weltall bewegen, fühlen wir uns, als wären wir alle im gleichen ruhigen Bezugssystem, als reiste die gesamte Erdbevölkerung in einem einzigen riesigen Eisenbahnabteil. Außerdem sind die Geschwindigkeiten, die auf der Erde erreicht und beobachtet werden können, viel zu klein, um Kirschkern-Ereignis-Verschiebungen mitzubekommen. Selbst Formel-1-Rennen sind viel zu langsam. Der Sekundenzeiger an Kimi Räikkönens Armbanduhr zeigt nach einem Rennen keine Abweichung von der Zeit auf der Tribüne. Das heißt aber nicht, dass die Relativitätstheorie auf der Erde nicht gilt. Nur sind die Zeitdehnungen und Raumschrumpfungen bei unseren Geschwindigkeiten so winzig, dass man sie nicht messen kann.

Anders ist die Lage auf unserem Raumschiff: Hier wird der Abstand zwischen Ereignis eins (Frau Krempel) und Ereignis zwei (Herr Brom) umso größer, je näher das Schiff der Lichtgeschwindigkeit kommt. Könnte das Schiff die Lichtgeschwindigkeit erreichen, wäre der Abstand sogar unendlich groß, die Uhr bliebe stehen und die beiden Lehrer würden aus Bernds Sicht überhaupt nicht mehr älter werden. Zum Glück kann, wie wir noch sehen werden, kein Körper so schnell wie das Licht reisen.

Aber auch, wenn das Raumschiff etwas langsamer fliegen würde, wären die Folgen merkwürdig genug. In der Zeit, in der für Frau Krempel und Herrn Brom keinerlei Zeit verstrich, ist Bernd nämlich ein kleines bisschen älter geworden. Seine Haare und seine Fingernägel sind etwas gewachsen, seine Füße haben etwas Schweiß produziert, und er ist eventuell sogar eine Spur intelligenter geworden. Verglichen mit den Passagieren im Raumschiff vergeht die Zeit für ihn offenbar schneller.

Je länger und je schneller die beiden mit hoher Geschwindigkeit fliegen, desto größer wird der

Unterschied. Es kann sogar passieren, dass die beiden nach ihrem Flug jünger sind als Bernd, auch wenn sie selbst das Gefühl haben, ganz normal gealtert zu sein. Der Grund ist, dass in ihrem Raumschiff die Zeit so weiter fließt, wie sie es gewohnt sind. Nur von Bernd aus gesehen laufen die Uhren an Bord langsamer. Und sie laufen umso langsamer, je näher das Raumschiff der Lichtgeschwindigkeit kommt. Es kann sein, dass Bernd, wenn seine Lehrer landen und die Hausaufgaben sehen wollen, schon zehntausend Jahre tot ist.

Eine komische Vorstellung. Die beiden Lehrer kämen in einer völlig fremden Welt an. Ihre Schule, ihre Häuser, ihre Stadt, ihr Bernd: Alles wäre verschwunden. Möglicherweise wären sogar die Menschen verschwunden. Und es gäbe auf der Erde nur noch Roboter, die sich die Macht mit Ameisen und Delfinen teilen. Was passiert dann mit Frau Krempel und Herrn Brom? Würden sie nach der Landung in einen Zoo gesteckt und von kleinen frechen Roboterkindern mit Öl gefüttert werden?

Auch wenn wir uns langsam daran gewöhnen, ist das immer noch ein fantastischer Gedanke. So fantastisch, dass selbst erfahrene Physiker ihn nur ungern denken. Es ist kein Wunder, dass Albert Einstein, als er seine Idee im Jahr 1905 in einem kleinen Aufsatz vorstellte, viele Wochen lang überhaupt keine Reaktion bekam. Niemand sprach ihn an. Keiner schrieb ihm einen Brief. Es schien, als wollten die Physiker der Welt sich lieber gar nicht mit so etwas Absurdem beschäftigen.

Eines Tages traf aber doch ein Brief in Einsteins Haus in der Kramgasse 49 in Bern ein. Ein Professor namens Max Planck bat um ein paar Erläuterungen. Einstein atmete auf. Planck war in der Physik so etwas wie Robbie Williams in der Popmusik. Ein absoluter Superstar. Wenn so einer sich meldet, hat man es geschafft. Trotzdem dauerte es noch viele Jahre, bis alle Physiker Einsteins Genie erkannten. Und noch länger dauerte es, bis Einsteins Botschaft im Rest der Welt ankam.

Im Jahr 1919 berichteten die Londoner »Times« und die »New York Times« zum ersten Mal begeistert über Einstein. Der Grund war, dass ein Experiment einige von Einsteins Forschungen bestätigt hatte. Die beiden Artikel in diesen wichtigen Zeitungen wurden von anderen Zeitungen aufgegriffen, und plötzlich war der Mann mit dem lustigen Schnurrbart und der Struwwelmähne berühmt. Sein Bild erschien in vielen Zeitungen, Journalisten wollten Interviews, er bekam Briefe aus der ganzen Welt. Einstein musste sich daran erst gewöhnen. Er hasste es, feine Klamotten zu tragen und langweilige Gespräche auf Parties zu führen. Viel lieber dachte er nach oder spielte er Geige. Einstein war kein großer Violinist, aber er hatte Talent und spielte sehr gern, vor allem nachts, wenn die anderen schliefen.

EINSTEIN UND DIE BORSTEN

Der Erfinder der Relativitätstheorie war nicht besonders reinlich. Er hatte Schweißfüße, kämmte sich nicht gern und putzte sich nicht mal die Zähne, weil angeblich die Borsten zu hart wären. Seiner Cousine Elsa, die sich darüber beklagte, schrieb er: »Schweinsborste bohrt Diamanten durch, wie sollten also meine Zähne ihr widerstehen?«

Im Jahr 1921 erhielt Einstein den Nobelpreis. Er forschte damals in Berlin, wo die besten Physiker der Welt arbeiteten, und verdiente eine Menge Geld. Auf der ganzen Welt diskutierten die Leute inzwischen über seine merkwürdigen Theorien. Tausende kamen in seine Vorlesungen und bestaunten ihn wie einen Heiligen. Konnte es wirklich sein, dass sich Zeit dehnen ließ? Unvorstellbar.

Und trotzdem ist es wahr. Die letzten Zweifel daran beseitigten zwei Physiker im Jahr 1971 mit einem spektakulären Experiment. Sie besorgten sich zwei Atomuhren. Solche Uhren messen den Zerfall von Atomen und gehen extrem genau. Eine davon nahmen sie als Handgepäck mit in eine Boeing 747, die andere blieb in Washington stehen. Dann flogen sie einmal in westlicher und einmal in östlicher Richtung um die Welt und kontrollierten die Zeiten. Tatsächlich gingen die Uhren nach der Landung nicht mehr genau gleich. Einmal ging die Uhr in der Boeing 59 Milliardstel Sekunden nach, einmal 273 Milliardstel Sekunden vor – je nachdem, ob der Flieger mit oder gegen die Erddrehung flog.

Das Experiment erregte jede Menge Aufsehen: Einstein hatte also recht, die Zeit dehnte sich wirklich! Für die meisten Wissenschaftler allerdings war der Versuch uninteressant. Sie mussten nicht mehr von der Gültigkeit der Relativitätstheorie überzeugt werden. Die mathematischen Gleichungen, die Einstein aufgestellt hatte, waren so klar und einleuchtend, dass kein ernsthafter Forscher mehr auf sie verzichten konnte. Außerdem gab es schon im Jahr 1938 ein erstes Experiment, das die Theorie exakt bestätigte. Es fand allerdings in einem Teilchenbeschleuniger statt und war für Nichtphysiker schwer zu verstehen.

HUNDERT AUTOREN

Anfang der Dreißiger Jahre wurde Einstein weltweit als Genie gefeiert. Trotzdem verstanden nur wenige Leute seine Theorie, vielen machte sie Angst. Im Jahr 1931 unternahm eine Reihe von Wissenschaftlern einen Versuch, Einstein zu widerlegen: »Hundert Autoren gegen Einstein« hieß ihr Buch. Einstein meinte dazu nur: »Warum hundert? Wenn sie Recht hätten, würde ein Einziger genügen!«

Der auf dem Lichtstrahl reitet

Mittlerweile gibt es kaum noch Zweifel an der Theorie. In unzähligen Experimenten wurde sie immer wieder bestätigt. Einstein selbst hatte übrigens kein einziges Experiment unternommen, um zu seiner Erkenntnis zu kommen. Er war ein Theoretiker, einer, der lieber nachdachte, als mit einem Lötkolben Drähte zu verbinden. Allerdings profitierte Einstein von den Experimenten anderer Forscher. So hatte ihm der Versuch von Michelson und Morley gezeigt, dass die Lichtgeschwindigkeit als einzige Geschwindigkeit immer gleich hoch ist, egal, von wo aus sie betrachtet wird.

Diese einfache Erkenntnis war es, die ihn fast automatisch zu den aufregendsten Entdeckungen geführt hatte. Einstein brauchte nicht viel Geld und keine großen Apparaturen für seine Forschungen. Er brauchte nur seinen Kopf, den allerdings ziemlich oft. Wahrscheinlich dachte Einstein immer nach. Besucher erinnern sich, dass sie ihn manchmal im Wohnzimmer getroffen haben, wie er sein jüngstes Kind Eduard mit einer Hand auf dem Schoß schaukelte und gleichzeitig Fragen seines älteren Sohnes Hans Albert beantwortete. Während er all das tat, dachte er über ein physikalisches Problem nach und notierte auf einem Zettel Gleichungen.

Wichtig für erfolgreiches Nachdenken ist, dass man sich Dinge vorstellen kann. Einstein überlegte immer, wie es wäre, wenn er auf einem Lichtstrahl reiten könnte. Wie würde er dann die Welt sehen? Und wie sähe er von außen betrachtet aus? Auch in diesem Kapitel haben wir uns Dinge vorgestellt. Den Flug des Kirschkernspuckers. Bernd. Frau Krempel. Herrn Brom. So kamen wir dazu, die Zeit neu zu sehen.

Die Relativitätstheorie hat aber noch eine Menge mehr zu bieten als nur gedehnte Zeit. Erinnern wir uns noch einmal an Bernd und das Raumschiff mit dem Kirschkernspucker. Dass Bernds Uhr anders läuft als die seiner Lehrer, haben wir schon festgestellt. Die Relativitätstheorie sagt aber noch etwas anderes: Für Bernd auf seinem Planeten laufen nicht nur die Uhren an Bord langsamer, es schrumpft auch das gesamte Raumschiff ein wenig. Die Köpfe von Herrn Brom und Frau Krempel sind etwas platter.

ABSCHIED VON DEUTSCHLAND

Einstein lebte und arbeitete 19 Jahre in Berlin. Im Jahr 1933 aber verließ er ohne Zögern das Land und übernahm eine Professur an der amerikanischen Universität Princeton. Mit den Nazis, die 1933 die Macht in seinem Geburtsland übernahmen, wollte er nichts zu tun haben. Obwohl Einstein nie sehr fromm gewesen war, wurde er in Deutschland auf einmal als Jude verachtet. Sogar sein Vermögen wurde eingezogen.

Noch so eine komische Sache: Der Raum schrumpft. Schwer zu kapieren, oder? Aber auch nur eine Folge davon, dass die Lichtgeschwindigkeit überall im Universum gleich ist. Mit einem weiteren Gedankenexperiment können wir versuchen, das zu verstehen. Stellen wir uns vor, wir befinden uns auf einem Raumschiff, das fast mit Lichtgeschwindigkeit im Andromeda-Nebel unterwegs ist. Dieses Raumschiff schaltet nun seine Scheinwerfer ein und schickt einen Lichtstrahl nach vorne.

Das Michelson-Morley-Experiment hat ergeben, dass die Lichtgeschwindigkeit als einzige Geschwindigkeit immer gleich hoch ist, egal von wo aus sie gemessen wird. Also muss der Lichtstrahl, selbst wenn er unser fast lichtschnelles Raumschiff verlässt, für uns trotzdem mit 299 792 Kilometern pro Sekunde davonrasen. Wie kann das sein? Erklären kann man das nur mit Hilfe der Relativitätstheorie. Sie besagt, dass für alle Körper, die nicht so schnell sind wie das Licht, sich Zeit und Raum gerade so ändern müssen, dass es wieder passt. Nur wenn die Sekunden kürzer oder länger werden und die Kilometer wachsen oder schrumpfen, kann das Licht von jeder Position aus genau 299 792 Kilometer pro Sekunde zurücklegen.

Das ist nicht leicht zu begreifen, selbst mit viel Schokoladeneis nicht. Merken sollten wir uns aber, dass es die Lichtgeschwindigkeit ist, die bestimmt, wie schnell in allen Bezugssystemen die Zeit vergeht und wie groß der Raum ist. Nicht Raum und Zeit sind absolut, wie Newton dachte. Absolut ist vielmehr die Lichtgeschwindigkeit. Sie ist eine Konstante, die überall gilt, ohne dass wir erklären könnten, warum. Einstein gab der Lichtgeschwindigkeit deshalb den Buchstaben »c« für »constant«.

MYONEN WERDEN SCHWERER

In modernen Teilchenbeschleunigern kann man winzig kleine Teilchen wie die Myonen fast auf Lichtgeschwindigkeit beschleunigen. Mit raffinierten Methoden können die Physiker das Gewicht der kleinen Raser messen, und siehe da: Ihre Masse nimmt genau um den Betrag zu, den Einstein vorhergesagt hatte. Auch die Energie, die für solch eine Beschleunigung benötigt wird, entspricht Einsteins Vorhersage: Ein einziger Teilchenbeschleuniger verbraucht so viel Strom wie eine ganze Stadt.

Die geniale Erkenntnis, dass die Lichtgeschwindigkeit konstant ist und Zeit und Raum sich ändern können, hatte jede Menge Auswirkungen auf die Wissenschaft der Physik. Alles musste überdacht werden, denn alles hatte irgendwie mit Zeit und Raum zu tun. Ganz besonders galt das für die Schwerkraft, die laut Newton zwischen allen Körpern im Weltraum wirkt. Die Erkenntnisse, die Einstein aus der neuen Sicht der Lichtgeschwindigkeit ableitete, waren allesamt unglaublich.

Ein weiteres Beispiel: Die Einführung einer maximalen Geschwindigkeit hat auch Auswirkungen auf das Gewicht von Körpern, auf ihre »Masse«, wie die Physiker sagen. Dafür sollten wir unser Gedankenexperiment mit dem Raumschiff noch etwas weiterentwickeln. Stellen wir uns vor, Herr Brom steht nach dem Treffer des Kirschkerns von seinem Platz auf, geht zurück, setzt sich direkt neben den Guinness-Buch-Rekordhalter und gibt ihm eins mit der Faust aufs Auge, so dass es dunkelblau wird. Jeder Boxer weiß: Wie blau ein Auge wird, hängt erstens vom Gewicht der zuschlagenden Faust und zweitens von der Geschwindigkeit ab, mit der sich diese Faust auf ein Auge zubewegt.

Nun haben wir schon erfahren, dass die Zeit an Bord des superschnellen Raumschiffs von Bernd aus gesehen langsamer abläuft. Das heißt: Auch die Faust von Herrn Brom braucht mehr Zeit, um den Weg zum Auge des Kirschkernspuckers zu überwinden. Damit ist ihre Geschwindigkeit – jedenfalls aus der Sicht von Bernd – geringer geworden. Trotzdem ist das Auge des Kirschkernspuckers hinterher für Bernd genauso blau wie für Herrn Brom. Das heißt: Um das gleiche blaue Auge zu erzeugen, muss Herrn Broms Faust an Gewicht zugenommen haben.

DIE ENERGIE EINES KINDES

Einsteins berühmte Formel $E=mc^2$ bringt Masse und Energie in ein enges Verhältnis. Masse müssen wir uns seither als eine Art eingefrorene Energie vorstellen, die im Prinzip auch aufgetaut werde könnte. Auf diese Weise ließen sich gigantische Energiemengen gewinnen. Ein einziges Kind mit einem Gewicht von 30 Kilogramm enthält laut Einstein eine Energie von etwa 900 Milliarden Kilowattstunden. Das ist fast doppelt so viel, wie in ganz Deutschland pro Jahr verbraucht wird.

Das Gedankenexperiment zeigt uns: Die Masse eines Körpers ist abhängig von dem Tempo, mit dem er sich bewegt. Je näher ein Körper der maximalen Geschwindigkeit im Universum kommt, desto schwerer wird er laut Einstein. In dem Moment, in dem ein Körper die Lichtgeschwindigkeit erreicht, hätte er sogar eine unendlich große Masse und würde unendlich viel wiegen. Um eine unendlich große Masse in Schwung zu bringen, braucht es allerdings auch unendlich viel Energie. Das aber geht nicht. Weder kann ein Körper unendlich schwer sein, noch gibt es unendlich viel Energie. Nur das Licht kann mit Lichtgeschwindigkeit reisen, weil es überhaupt keine Masse hat. Die Photonen, die es übertragen, bestehen nur aus Energie und wiegen nichts.

Einsteins Folgerungen aus dieser Erkenntnis sind bestens bekannt. Die erste Folgerung ist eine große Enttäuschung für alle begeisterten Weltraumfahrer: Kein Körper, kein Raumschiff, nichts, das etwas wiegt, wird jemals die Lichtgeschwindigkeit erreichen, denn kein Körper kann unendlich schwer werden. Auch unser Experiment mit dem doppelseitigen Kirschkernspucker funktioniert deshalb nur in unserer Fantasie und nicht in Wirklichkeit. Selbst die größten und stärksten Lungen der Welt hätten nicht genug Energie, um einen Kirschkern auf Lichtgeschwindigkeit zu bringen. Wenn das Herr Brom und Frau Krempel wüssten!

Die zweite große Folgerung verbirgt sich in einer Formel, die Schüler gern vor dem Mathe-Unterricht auf die Tafel schreiben: $E=mc^2$. Diese Formel drückt aus, was wir gerade schon herausgefunden haben: Die Masse eines Körpers ist nicht immer gleich groß, sondern hängt von der Energie und der Lichtgeschwindigkeit ab. Je mehr Energie, desto mehr Masse und umgekehrt. Man kann deshalb sagen, dass Masse nichts anderes ist als eine Art eingefrorener Energie.

»Oh weh«, sagte Einstein

Nach der Einstein'schen Formel steckt selbst in der kleinsten Masse noch eine Menge Energie. Die Lichtgeschwindigkeit ist schließlich verdammt hoch, und sie wird noch viel höher, wenn man sie mit sich selbst multipliziert. Die Formel $E=mc^2$ sagt deshalb, dass man auch aus dem kleinsten Fitzelchen Materie jede Menge Energie herausholen kann. Ein Gedanke, der die Physiker auf der ganzen Welt elektrisierte. Denn er sagte voraus, dass sich auf dem Planeten Erde ungeheure Energiereserven befinden mussten. Wenn es möglich wäre, sie anzuzapfen, könnte man alle Energieprobleme der Welt mit einem Schlag lösen.

Tatsächlich gelang es im Jahr 1954 zum ersten Mal, Einsteins Erkenntnis für die Produktion von Energie

URAN

ist der Brennstoff für die meisten Atomkraftwerke. Uran ist radioaktiv, das heißt: Es wandelt ständig einen kleinen Teil seiner Masse in Energie um. Diese Energie geht als Strahlung in die Umwelt.

GEFAHR FÜR DIE MENSCHHEIT

»Ich war mir der Gefahr wohl bewusst, welche das Gelingen dieses Unternehmens für die Menschheit bedeutete. Aber die Wahrscheinlichkeit, dass die Deutschen an demselben Problem mit Aussichten auf Erfolg arbeiten dürften, hat mich zu diesem Schritt gezwungen.« So begründete Einstein seinen Brief, in dem er 1939 den amerikanischen Präsidenten Roosevelt drängte, die Möglichkeit einer Atombombe erforschen zu lassen.

nutzbar zu machen. In Obninsk bei Moskau ging das erste Kernkraftwerk der Welt in Betrieb. In dem russischen Reaktor wurden Uranatome gespalten und ein Teil ihrer Masse in Energie umgewandelt.

Seither sind auf der Welt zahlreiche Atomkraftwerke gebaut worden, die heute in vielen Ländern einen großen Anteil des benötigten Stroms liefern. Atomkraftwerke haben allerdings den Nachteil, dass bei der Spaltung radioaktiver Abfall übrig bleibt. Bis heute ist nicht klar, wo diese Überreste gelagert werden können. Außerdem besteht die Gefahr, dass bei Unfällen Menschen verstrahlt werden können.

Mit der ungeheuren Energie, die selbst in kleinsten Atomkernen steckt, lassen sich aber nicht nur Kernkraftwerke bauen. Man kann sie auch für Bomben nutzen. Einstein selbst hatte den amerikanischen Präsidenten 1939 aufgefordert, die Forschung über Atombomben zu beschleunigen, obwohl er eigentlich ein Pazifist war und jede Form von Gewalt hasste. Aber er fürchtete, dass Deutschland im Zweiten Weltkrieg eine Atombombe einsetzen könnte. Das Land, in dem er geboren worden war, hatte sich unter den Nazis in eine Bedrohung für die gesamte Menschheit verwandelt. Die Nazis hatten den Zweiten Weltkrieg angefangen und betrieben eine brutale Verfolgungspolitik gegen Juden.

Einsteins Brief an den Präsidenten hatte Erfolg. Die Amerikaner beauftragten ihre besten Physiker, eine Atombombe zu entwickeln. Allerdings setzten sie die Bombe nur gegen Japan und nicht gegen Deutschland ein. Als Einstein im Radio hörte, welche Verwüstungen die Atombombe in den Städten Hiroshima und Nagasaki anrichtete, war er entsetzt und sprachlos. »Oh weh«, war das Einzige, was er gesagt haben soll.

Dass ihre Forschungen zum Bau der größten Vernichtungswaffe der Menschheit geführt hatten, war für Einstein und viele andere Physiker eine schreckliche Vorstellung. Zum ersten Mal mussten sie sich mit der Frage beschäftigen, ob Wissenschaftler alles erforschen dürfen, oder ob sie manchmal aus moralischen Gründen auf neue Erkenntnisse verzichten müssen. Bis heute wird über dieses Thema heftig diskutiert.

Einstein selbst hatte mit dem Bau der Bombe übrigens nichts zu tun. Seine Relativitätstheorie allerdings zeigte den Bombenbauern, wie viel Energie in Atomkernen steckt. Einstein, der im Jahr 1955 in Princeton starb, hat daher die Welt nicht nur theoretisch, sondern auch praktisch verändert.

EDWIN HUBBLE

Wie ist die Welt entstanden?

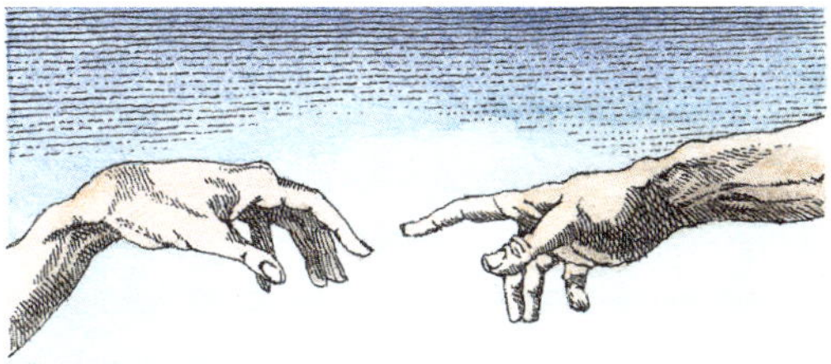

Jahrtausendelang haben die Menschen sich ausgemalt, wie die Welt entstanden sein könnte. Viele große Erzählungen handeln davon, viele Weise haben nach Antworten gesucht, ohne sie zu finden. Erst seit hundert Jahren können wir einigermaßen genau sagen, wie alt das Universum ist und wie es entstand. Dumm ist nur, dass in den modernen Theorien über die Entstehung der Welt so merkwürdige Dinge auftauchen wie unendliche Zitronen. Weiß jemand, wie eine unendliche Zitrone aussieht?

Wie ist die Welt entstanden? Diese Frage steht in der Rangliste der großen Menschheitsfragen ganz weit oben. Fast jedes Volk der Erde hat darüber nachgedacht. Astronomen suchten in langen Nächten den Himmel nach einer Antwort ab. Schriftgelehrte versenkten sich in dicke Bücher. Und bedeutende Erzähler dachten sich bedeutende Geschichten aus. Auch viele Eltern haben sich mit dem Weltentstehungsproblem schon intensiv beschäftigt. Oft lag das daran, dass ihre neunmalklugen Kinder plötzlich von ihnen wissen wollten, ob das, was beim Urknall explodiert ist, eigentlich schon vor dem Urknall da war oder erst danach gekommen ist.

Alle stellten fest: Es ist einfach, die Weltentstehungsfrage zu stellen, aber es ist sehr schwer, sie zu beantworten. Ein Problem ist: Niemand war dabei, als die Welt entstand. Ein zweites Problem ist: Es blieben keinerlei Fossilien übrig, nach denen man irgendwo graben könnte. Ein weiteres Problem: Die Frage nach der Entstehung der Welt und des Universums kann im Gehirn einen gefährlichen Schwurbel auslösen. Einen solch gigantischen Schwurbel, dass man ihn nur los wird, wenn man vier Wochen lang keine DVDs guckt, jeden Tag ein Kilo Möhren isst und abends schon um sechs Uhr ins Bett geht. Das möchte natürlich niemand.

Wie kommt es zu dem gefährlichen Schwurbel? Stellen wir uns vor, künftige Astronauten würden in hundert Jahren auf einem Jupitermond ein verfallenes Raumschiff finden. Sie durchsuchen das Raumschiff und entdecken ein uraltes Dokument mit unverständlichen Zeichen. Dieses Dokument bringen sie zurück zur Erde, wo Wissenschaftler es untersuchen und herausfinden, dass außerirdische Wesen das Dokument vor unendlich langer Zeit geschrieben haben. Die Wissenschaftler setzen Hochleistungscomputer ein, um das Dokument zu übersetzen. Die Computer rechnen viele Monate lang. Dann erscheint auf dem Display die Übersetzung. Sie lautet: »Dies ist die Antwort auf die Frage, wie die Welt entstanden ist: Die Welt wurde am 1. Januar des Jahres Null von Herrn Gerd Brom und Frau Ursula Krempel auf dem Planeten Gursk gegründet.«

Wären dann alle Fragen beantwortet? Würden sich die Menschen gemütlich zurücklehnen und in Zukunft nur noch quadratische Schokolade essen, statt schwierige Fragen zu stellen? Oder könnte es passieren, dass immer noch ein paar neunmalkluge Kinder unzufrieden sind und sich fragen: »Wer ist denn eigentlich dieser Herr Brom? Und warum hat er mit dieser Frau Krempel die Welt gegründet?«

Schon wird's gefährlich, denn schon meldet sich der Schwurbel. Der Schwurbel ist so tückisch, weil er uns zur Dauerfragerei verdammt. Jede Antwort führt automatisch zu einer neuen Frage. Kaum haben wir einen Grund gefunden, wollen wir schon wissen, was eigentlich der Grund des Grundes ist. Und der Grund des Grundes des Grundes. Nie können wir stoppen. Auf jedes »Darum!« setzen wir ein neues »Warum?« oben drauf. Das ist der Schwurbel. Bei der Frage nach dem Ursprung der Welt fällt er über uns her, weil diese Frage mit der Zeit zusammenhängt, beziehungsweise mit dem, was wir uns unter Zeit vorstellen.

Für uns rückt Zeit so gleichmäßig vor wie der Sekundenanzeiger auf unserer Uhr. Sie hat keinen Anfang und kein Ende. Wenn es acht Uhr ist, war es eine Minute vorher 7.59 Uhr. Wenn es zwölf Uhr ist, war es eine Viertelstunde vorher 11.45 Uhr. Wenn also jemand kommt und sagt: »Hey, das Universum hat am 1. Januar des Jahres Null genau um 0.00 Uhr begonnen«, fragen wir sofort: »Ja, und was war am Tag vorher? War da etwa nix?« Schon breitet sich der Schwurbel wieder aus.

Der Schwurbel ist wirklich gemein, und es gibt fast keine Möglichkeit, ihm zu entkommen. Wann immer wir sagen: »Das war der Beginn des Universums!«, kann jemand kommen und fragen: »Und was war davor?«

Wo wohnen Schöpfer?

Trotzdem haben es die Menschen versucht. Und sie haben eine Lösung gefunden. Sie suchten sich einfach jemanden, der die ganze Sache angefangen hat, einen superstarken Welt-Erfinder, einen Schöpfer. Dieser Schöpfer (natürlich kann es auch eine Schöpferin sein) musste nur eine Bedingung erfüllen: Er durfte sich auf keinen Fall in unserer Zeit und unserem Raum befinden. Sonst hätten die neunmalklugen Kinder gleich wieder gefragt: »Was war denn bitteschön vor dem Schöpfer? Wer hat denn den Schöpfer erschaffen?« Die meisten Schöpfer wohnen deshalb in einer Gegend, die man »Jenseits« nennt oder »Himmel« oder »Olymp«. Niemand weiß, wo sie sich befindet und wie spät es dort ist.

Im Laufe der Geschichte haben die Menschen eine Menge Schöpfer gefunden. Manchmal ist es nur eine geheimnisvolle Kraft, eine Energie, die für die Weltentstehung verantwortlich ist, meistens jedoch ein unsterbliches Wesen, ein Gott. Eine der ältesten Schöpfungsgeschichten haben sich die Babylonier ausgedacht, ein Volk, das auf dem Gebiet des heutigen Irak lebte. Bei ihnen kämpften die alten Götter Akzu und Tiamat gegen die jungen Götter. Die jungen Götter töteten mit Hilfe des mächtigen Gottes Marduk die alte Göttin Tiamat nach langem Kampf. Marduk wurde daraufhin zum obersten Gott und machte aus dem Körper von Tiamat die Erde.

Eine andere Schöpfungsgeschichte steht in der Genesis, dem ersten Buch der Bibel. Danach war Gott von Anfang an da und hat die Welt mit allem, was dazu gehört, in sechs Tagen erschaffen. Nacheinander machte er den Himmel, das Land mit seinen Pflanzen, Sonne, Mond und Sterne und die

DAS CHAOS

Die Griechen glaubten, dass am Anfang der Welt das Chaos stand, ein totales Durcheinander, in dem es überhaupt keine Formen und Dinge gab. Diesem Chaos entsprangen nacheinander die Götter, allen voran Gaia, die Göttin der Erde. Mit den Göttern entstand die Welt.

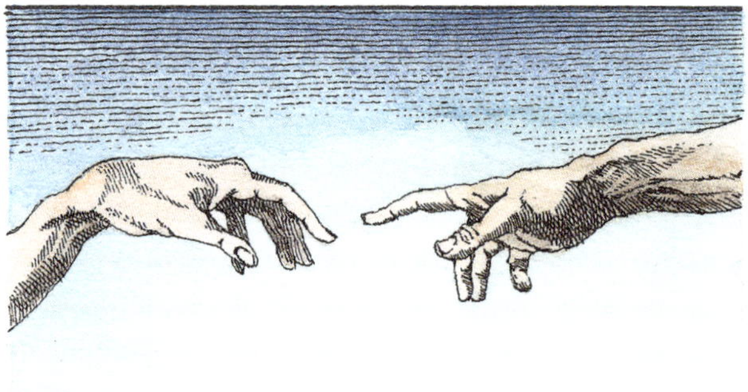

verschiedenen Tiere. Als Erstes, vor allem anderen, erschuf er das Licht, als Letztes die Menschen.

Die Götter der Babylonier sind aus der Mode gekommen. An ihre Schöpfungsgeschichten glaubt niemand mehr. Auch an die Geschichte aus der Bibel glauben nur noch fromme Christen. Es ist eine schöne und kluge Geschichte, aber wer sie wörtlich nimmt, bekommt Probleme mit den modernen Naturwissenschaften. Die Welt kann nicht in sechs Tagen entstanden sein.

Heute geben die Wissenschaftler die interessantesten Antworten auf die Weltentstehungsfrage. Physiker und Kosmologen, Astronomen und Astrophysiker haben in den vergangenen hundert Jahren erstaunlich viel herausgefunden. Sie können sogar berechnen, wann es mit dem Universum losging. Vor ungefähr 14 Milliarden Jahren soll das gewesen sein. Damals ereignete sich der berühmte »Urknall«. Mit ihm nahmen die Welt und das Universum ihren Anfang.

Kann das wirklich sein? Hat die Welt einfach eines Tages angefangen? Und können die Forscher wirklich ausrechnen, wann? Der Beginn des Universums liegt schließlich viele Milliarden Jahre zurück, und es ist nichts davon übrig geblieben. Keine Splitter. Kein Pulverrest. Kein riesiger Krater irgendwo im Weltraum. Wie kommen die Forscher auf ihre 14 Milliarden Jahre?

Den Weg zur Lösung verdanken sie einem amerikanischen Astronomen namens Edwin Hubble. Er entdeckte im Jahr 1929, dass sich die Galaxien im Universum voneinander entfernen. Das war eine echte Überraschung. Die Bewegung der Galaxien kann man nämlich nicht sehen, selbst wenn man jahrelang von morgens bis abends durch ein Fernrohr schaut. Hubble aber hatte gar nicht nach Bewegungen gesucht. Er analysierte, wie das Licht zusammengesetzt war, das von den Galaxien auf der Erde ankam.

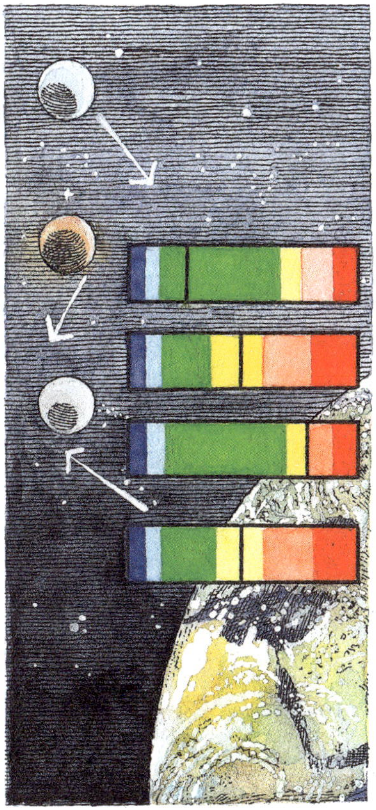

War das Universum ein Bärenbaby?

Weißes Licht kann man mit einem Prisma in verschiedene Farbbereiche von unterschiedlicher Wellenlänge zerlegen. Rot ist die Farbe mit den längsten Wellen. Als Hubble das Licht der fernen Galaxien zerlegte, entdeckte er, dass sich die anderen Farben in Richtung Rot verschoben hatten. Dies konnte nur eine Ursache haben: Die Lichtwellen mussten auf der langen Reise zur Erde in die Länge, in Richtung Rot gezogen worden sein. Und das wiederum bedeutete: Die Entfernung zwischen der Erde und der fernen Galaxie war unbemerkt gewachsen, die Galaxie bewegte sich von der Erde weg.

Bald erkannte Hubble, dass sich nicht nur diese eine, sondern alle Galaxien bewegten. Sie standen nicht fest an ihrem Platz im All, sondern suchten das Weite. Als wäre auf der Erde eine riesige Stinkbombe gezündet worden, so sausten sie nach allen Seiten davon.

Hubble entdeckte nicht nur, dass sich Galaxien bewegen, er fand auch eine Formel, mit der sich das Tempo dieser Flucht bestimmen ließ. Die Formel sagt, dass die Galaxien umso schneller unterwegs sind, je weiter sie voneinander entfernt sind. Das war eine folgenschwere Erkenntnis, denn sie bedeutete, dass der Weltraum sich ausdehnt wie ein Hefekuchen. Er »expandiert«, wie die Wissenschaftler sagen. Heute wissen wir, dass die Expansion sich sogar beschleunigt. Und dass sie niemals enden wird.

Die Forscher, die sich mit der Weltentstehung beschäftigten, waren von Hubbles Entdeckung begeistert. Messerscharf erkannten sie, dass der Weltraum, wenn er größer wurde, auch einmal kleiner gewesen sein musste. Ungefähr so wie ein mächtiger Grizzly, der auch einmal als winziges Bärenbaby angefangen hat. Da sie außerdem die Geschwindigkeit kannten, mit der das Universum größer wurde, konnten sie ziemlich leicht die Zeit ermitteln, die der Weltraum gebraucht hatte, um auf seine heutige Größe zu kommen. Sie mussten nur zurückrechnen. So kamen sie auf die Zahl von 14 Milliarden Jahren.

SCHNELLE GALAXIEN

Zwei Galaxien, die einen Abstand von einer Million Lichtjahren haben, bewegen sich mit einer Geschwindigkeit von ungefähr 25 Kilometern pro Sekunde voneinander fort.

Wann es losging mit dem Weltraum wissen wir jetzt. Aber das sagt noch nichts darüber aus, wie es eigentlich losging. Die Astronomen sprechen immer vom »Urknall«. Aber warum sollte eine so große Veranstaltung wie das Universum ausgerechnet mit einem Knall beginnen? Könnte das Universum nicht auch eines Morgens aufgewacht sein aus einem langen Traum? Oder könnte es wie ein Musikstück von Mozart angefangen haben – mit ein paar Akkorden und einer Melodie?

Komischerweise hielt ausgerechnet der Mann, dem wir den Begriff »Urknall« verdanken, nichts von der Knall-Theorie. Fred Hoyle, ein englischer Astronom und Schriftsteller, glaubte nicht, dass der Weltraum mit einem lauten Schlag begonnen hat. Er war überzeugt, dass etwas so Großes wie das Universum schon immer existiert haben musste und sich nur ausdehnte, weil laufend neue Materie entstand und diese den Weltraum auseinander drückte. Die Theorie mit dem Anfang fand er lächerlich: Er nannte sie die »Big-Bang-Theorie« und wollte damit sagen, dass ihre Anhänger einen »Big Bang« hätten, einen ziemlichen Knall. Pech für Hoyle war, dass die Theorie mit dem neuen Wort erst richtig beliebt wurde. Unter einem »Big Bang« (im Deutschen wird das Wort als »Urknall« übersetzt) konnten sich die Leute endlich etwas vorstellen. »Big Bang«, das klang nach einem knackigen Anfang, einer großen Show. Und große Shows kommen einfach gut an.

FRED HOYLE

Allerdings stellen sich die meisten unter dem Wort »Big Bang« etwas Falsches vor. Sie denken an eine Explosion wie im Actionfilm und glauben, dass der Weltraum mit einem gigantischen und wahnsinnig lauten Knall angefangen hat, einer Art Bombenexplosion, bei der die Trümmer im ganzen Universum verstreut wurden.

Warum der Urknall-Film ein Flop wäre

In Wahrheit aber hat beim Urknall nichts geknallt. Nicht der kleinste Muckser war zu hören, weil es damals nämlich überhaupt nichts gab, das Schall hätte transportieren können. Kein Atom, kein Molekül war da, über das der Schall hätte weiterhüpfen können. Es herrschte völlige Stille.

Außerdem fand der Urknall ohne das kleinste bisschen Feuer statt, ohne lodernde Flammen oder grellen Lichtschein. Es war rabenschwarze Nacht, als das Universum entstand. Das gigantischste Ereignis der Weltgeschichte, der mächtigste Ausbruch von Energie, verlief in totaler Finsternis und vollkommener Lautlosigkeit. Für Action-Regisseure aus Hollywood wäre der Start des Universums, das Abenteuer aller Abenteuer, ein Flop. Unfilmbar.

Action-Regisseure hätten allerdings noch ein anderes Problem mit dem Urknall. Für den entscheidenden Teil fehlt ihnen das Drehbuch. Noch immer weiß niemand, was im allerersten Moment nach dem Start passierte. Mit keiner mathematischen Formel, keiner physikalischen Theorie konnten die Wissenschaftler bislang das ungeheure und rasend schnelle Geschehen in der kurzen Zeit beschreiben, in der aus Nichts Etwas wurde. Nicht einmal so lang wie der billionste Teil einer billionstel Sekunde ist dieser Moment, aber ausgerechnet er ist besonders wichtig. Denn in dieser winzigen Zeitspanne entstanden die Voraussetzungen für alles Weitere, für die Entwicklung der Materie, der Sterne und Planeten.

Es gibt eine Menge wilder Theorien darüber, wie sich aus dem Nichts ein Etwas bilden konnte. Theorien, in denen es von positiver und negativer Energie, von virtueller und reeller Zeit nur so wimmelt. Aber all diese Theorien sind ziemlich abenteuerlich. Und sie sind so schwer verständlich, dass wahrscheinlich auch ihre Erfinder sie nicht ganz verstanden haben.

Deshalb schweigen wir lieber über die Zeit direkt nach dem Beginn und fangen unser Logbuch der Weltentstehung erst 10^{-43} Sekunden nach dem Start an, also nach dem winzigen Bruchteil einer Sekunde. Von hier an können die Wissenschaftler die Entwicklung des Universums schon ganz gut nachvollziehen. Sie wissen, wie die ersten Materieteilchen entstanden sein könnten, wie sich die Atomkerne mit den Elektronen zu den ersten Atomen vereinigten, und natürlich auch, wie sich Sterne und Planeten gebildet haben.

All das wissen sie, weil sich die Welt erfreulicherweise brav an eine Reihe von Gesetzen hält. Diese Gesetze heißen »Naturgesetze« und werden von allen Schülern der Welt sehr geliebt, weil sie so oft in Klassenarbeiten auftauchen. Im Lauf der letzten Jahrhunderte haben verschiedene Wissenschaftler diese Gesetze entdeckt und aufgeschrieben. Darauf sind sie zu Recht sehr stolz. Denn es sieht so aus, als würde die Welt auf ewig diese Gesetze beachten. Theoretisch kann es sein, dass irgendwo in einer stillen Ecke des Universums ganz andere Gesetze gelten oder dass sich die Erde in sieben Tagen plötzlich aus dem Club der Naturgesetzbefolger verabschiedet und beispielsweise mit einem Schlag auf die Gesetze der Schwerkraft verzichtet. Aber es gibt keinerlei Hinweise darauf.

Dank dieser Gesetze können die Wissenschaftler beschreiben, was nach den berühmten 10^{-43} Sekunden mit dem Universum passierte. Das Universum, das vermutlich als eine Art Punkt begonnen hat, als ein unendlich dichter und heißer Punkt, wurde unmittelbar nach dem Knall strahlend hell. Das lag daran, dass sich schlagartig die Photonen gebildet hatten, die Überträger des Lichts. Zu diesem Zeitpunkt nahm das Universum gerade mal den Raum einer Zitrone ein. Trotzdem versammelte es auf diesem kleinen Raum schon alles, was für den Bau

des gesamten gigantisch großen Weltalls mit seinen Milliarden von Galaxien benötigt wurde.

Das können wir uns beim besten Willen nicht vorstellen. Wie soll der Stoff des ganzen Universums in so einen kleinen Raum hineinpassen, wenn doch schon unsere durchschnittlich große Sonne megamillionenmal so groß ist wie eine Zitrone? Und das Universum enthält Milliarden von Galaxien, von denen jede viele Milliarden Sonnen zählt.

Dank Einstein wissen wir zum Glück, dass die Materie, aus der all diese Sterne bestehen, eine besondere Form von Energie ist, eine Art »eingefrorener Energie«. Einstein sagt, dass Masse in Energie umgewandelt werden kann. Und das macht uns die Vorstellung etwas leichter, denn wir können jetzt davon ausgehen, dass wir uns das zitronengroße Anfangs-Universum auf keinen Fall so vorstellen dürfen wie einen kleinen Felsbrocken, den man in die Tasche stecken und seinen Freunden zeigen kann. Es war eher ein Zustand von unvorstellbar großer Dichte, Hitze und Helligkeit. Unvorstellbar große Hitze heißt aber auch: Es hatte sich dort eine unvorstellbar große Energiemenge angesammelt. Da wir aber von Einstein wissen, dass sich Masse und Energie ineinander umwandeln lassen, kommen wir der Sache näher: Als Energie könnte das Universum vielleicht doch in die Zitrone hineinpassen.

Das Käsemesser für Atomzerschneider

Doch wie wird aus bloßer Energie feste Materie? Wie konnte aus dem verrückten Energiebällchen einmal unser Universum mitsamt allen Galaxien

werden, mitsamt der Erde und ihren Bergen, Bäumen und Städten? Die wichtigste Voraussetzung dafür war, dass sich das superheiße Energie-Universum erst einmal ordentlich abkühlte. Die Luft in einer Luftpumpe erwärmt sich, wenn man sie zusammenpresst, und kühlt sich ab, wenn sie sich wieder ausdehnen kann. So kühlte sich auch das Universum ab, indem es sich ausbreitete: Jedes Mal, wenn es seinen Durchmesser verdoppelte, verringerte es auch seine Temperatur um die Hälfte. Gleich nach der Geburt dehnte sich der Weltraum nach den Erkenntnissen der Forscher besonders schnell aus und kühlte auch besonders schnell ab. Gut eine Sekunde nach dem Urknall war das Universum schon dreimal so groß wie die Erde und »nur« noch etwa 10 Milliarden Grad heiß. Zu diesem Zeitpunkt hatten sich schon die ersten winzig kleinen Teilchen gebildet.

EISKALTES UNIVERSUM?

Wärme entspricht der Bewegung von Atomen und Molekülen. Man könnte deshalb denken, dass es im All überall mörderisch kalt sein müsste, schließlich gibt es dort kaum Atome. Trotzdem nähert sich das Thermometer nur an einigen Stellen des Universums dem absoluten Tiefpunkt von minus 273 Grad. An anderen Stellen kann es, weil sich die wenigen Atome dort besonders heftig bewegen, richtig heiß werden.

Wie die kleinsten Bausteine der Materie entstehen und sich verhalten, untersuchen die Physiker mit Hilfe von Teilchenbeschleunigern. Diese Riesenmaschinen wurden gebaut, weil man die winzigen Bestandteile unserer Materie nicht einfach mit einem Messer auseinanderschneiden kann wie ein Stück Käse. Die Schneide eines Messers wäre viel zu dick für ein Atom. Um die kleinen Teilchen in kleinere zu zerlegen, schießen die Elementarteilchen-Physiker in ihren riesigen Beschleunigern die Winzlinge mit großer Geschwindigkeit aufeinander. Dann schauen sie, ob sie in noch kleinere Teilchen zerfallen oder ob endlich der kleinste aller Bausteine aufgetaucht ist.

Die meisten Physiker glauben heute, dass die Quarks die kleinsten Bausteine der Materie sind.

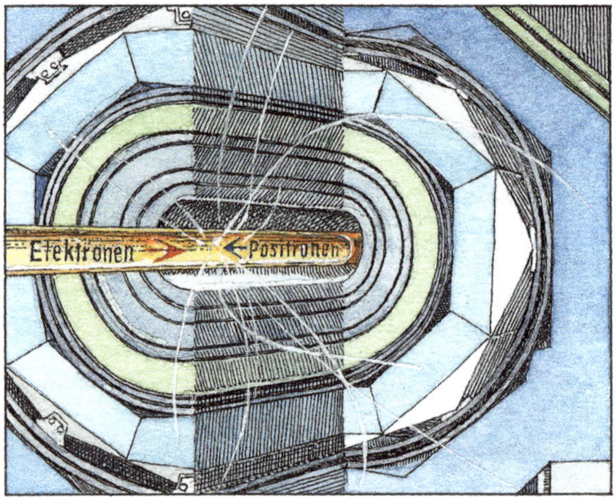

Quarks sind winzig kleine Teilchen, die eine sehr sympathische Eigenschaft haben: Sie sind nicht gern allein. Wo immer sie auftauchen, rotten sie sich auf der Stelle zusammen und bilden Atomkerne. Anders als die Photonen, die als Träger des Lichts gar keine Masse mehr haben, wiegen die Quarks etwas. Man kann sie zwar nicht unbedingt auf eine Briefwaage legen und wiegen, aber die Physiker wissen dank ihrer raffinierten Technik trotzdem genau, wie viel Quarks wiegen.

Jeder Stein, jedes Stück Holz und jeder Mensch besteht in seinem Innersten aus Quarks und Elektronen. Entscheidend für die Entstehung von Materie war also, ob das Universum auch Quarks zustandebringen würde. Ohne Quarks keine Materie! Und siehe da: Die ersten Quarks tauchten schon ganz kurz nach den Photonen auf und bildeten umgehend Atomkerne. Ihnen folgten wenig später andere winzig kleine Teilchen: Elektronen und Neutrinos. Schon in der ersten Sekunde nach dem Urknall entstanden also die Teilchen, die bis heute unsere Materie ausmachen. Und auch die ersten Elemente waren schon da: Wasserstoff, Helium und ein bisschen Lithium.

Wegen der ersten großen Hitze rasten die Winzlinge im frühen Universum zunächst wie verrückt herum und stießen dabei ständig zusammen. Doch je kühler das Universum wurde, desto mehr beruhigten sie sich. Nach 400 000 Jahren, als das Universum schon viel größer war als unsere Milchstraße, taten sich die Atomkerne mit den Elektronen zusammen und bildeten die ersten Atome. Auch das war ein wichtiger Schritt. Ohne Elektronen in ihrer Hülle können die Elemente keine chemische Verbindung eingehen, nur als komplette Atome taugen sie zum Bau unserer kunterbunten Welt der Dinge.

Wasserstoff, Helium und Lithium gibt es bis heute. Es sind sehr einfach aufgebaute Elemente, die sich zunächst ganz gleichmäßig im heftig wachsenden Universum verteilten. Erst allmählich bildeten sich Regionen, in denen die Gase etwas dichter zusammensteckten als anderswo. In diesen Regionen ballte sich zunächst wahrscheinlich die Dunkle Materie zusammen wie Schwaden im Nebel. Die Dunkle Materie haben wir schon kennen gelernt. Im frühen Universum zog sie mit ihrer Schwerkraft die andere, die »helle« Materie an.

Angezogen von der Schwerkraft verdichteten sich Wasserstoff und Helium unaufhaltsam. Die Nebel

LUSTIGE URKNALL-PHYSIKER

Die Theorie vom heißen Beginn des Universums verkündeten 1948 drei Physiker namens Ralph Alpher, Hans Bethe und George Gamov. Der Physiker George Gamov hatte extra den Physiker Bethe gefragt, ob er an ihrer Arbeit nicht mitschreiben wolle. Dank Bethe, der mit der Forschung eigentlich nichts zu tun hatte, klangen die drei Autorennamen wie der Anfang des griechischen Alphabets: Alpha, Beta, Gamma.

verwandelten sich in Gasklumpen, die immer schwerer wurden und dicker und kugeliger, bis sie etwa 200 Millionen Jahre nach dem Urknall groß genug waren, um eines der wunderbarsten Schauspiele in Gang zu setzen, das sich im Universum jemals ereignete. Es war wie Geburtstag, Weihnachten und Fußball-Weltmeisterschaft auf einmal. Um das Wunder zu verstehen, müssen wir wissen, dass der Lichtblitz, der das All kurz nach dem Urknall mit gleißender Helligkeit erfüllt hatte, im Lauf der Zeit an Kraft verloren hatte. Es war wieder dunkel geworden im Universum, stockdunkel. Und inmitten der tiefsten Finsternis ging plötzlich ein Licht an. Wir wissen nicht, wo das passierte, und wir müssen auch davon ausgehen, dass dieses Licht längst erloschen ist. Aber es war trotzdem fantastisch: Der erste Stern erstrahlte. Schon bald darauf gingen überall im Universum Lichter an, ein Stern nach dem anderen leuchtete auf.

In der Jugendzeit des Universums war die Lebenszeit der Sterne kurz. Ständig kam es zu gigantischen Explosionen. Die ersten Sterne waren sehr schwer und krachten nach wenigen tausend Jahren wieder zusammen. Doch bei den gigantischen Explosionen entstanden neue, schwerere und kompliziertere Elemente, die in neue Sterne eingebaut wurden, die wiederum explodierten und weitere noch schwerere Elemente in den Weltraum entließen. So entwickelte sich das Universum beständig weiter und fabrizierte immer kompliziertere Gebilde. Atemraubend schöne Galaxien entstanden. Schwarze Löcher, bizarre Sterne, sogar Planeten. Und irgendwann brachte das Universum in einer unbedeutenden Ecke der Milchstraßengalaxie sogar etwas höchst Merkwürdiges zustande: lebende Wesen, Organismen, die sich selbst vermehren können, die denken können, lieben können, töten können und sogar fähig sind, Klingeltöne für Handys herunterzuladen.

DEM URKNALL IMMER NÄHER

Das größte Teleskop der Erde steht auf dem Mount Graham in Arizona. Es kann Licht aus einer Entfernung von 13 Milliarden Jahren empfangen. Licht, das sich ungefähr eine Milliarde Jahre nach dem Urknall auf den Weg zu uns gemacht hat.

Ist damit die Frage der Weltentstehung beantwortet? Wissen die neunmalklügsten Kinder jetzt genug, um Vater und Mutter in Ruhe ihre Zeitung lesen zu lassen? Haben sie die Sache mit den Quarks und dem Rest des Universums drauf? Leider nein. Denn ausgerechnet die gefährlichste Frage ist immer noch offen, diejenige, die uns direkt in den alten Schwurbel führte, die Frage aller Fragen: Was war vor dem Urknall?

Wir könnten es uns jetzt leicht machen und sagen: »Vor dem Urknall? Da war nichts.« Und zufrieden grinsen. Aber irgendwie wäre das komisch. So wie ein schlechter Zaubertrick. Als würde man kurz mal mit dem leeren Zylinderhut hinter dem Vorhang verschwinden und dann, Hokuspokus, ein Kaninchen herausholen. Das kann jeder.

Sind wir schlechte Zauberer? Ganz sicher nicht. Deshalb vertiefen wir uns lieber noch einmal in das Geheimnis der Zeit. Wir haben schon erfahren, dass Zeit und Raum davon abhängen, wie schnell ein Körper unterwegs ist und wie wir ihn sehen. Das war ganz schön schockierend. Die Zeit kann langsamer werden, der Raum schrumpfen, je nachdem, wie wir uns im Raum und in der Zeit bewegen.

Die Sache mit dem Wackelpudding muss unter uns bleiben

Erfahren haben wir auch, dass Zeit und Raum von der Masse abhängen: Die Himmelskörper können den Raum krümmen und die Zeit dehnen. Leider werden auch die besten Astrophysiker immer sehr still, wenn man sie fragt, wie das genau funktioniert. »Viel zu kompliziert für Kinder«, meinen sie dann. Dabei ist es im Grunde supereinfach. Wir müssen nur beschließen, dass der Raum ungefähr so aussehen soll wie durchsichtiger Wackelpudding, und uns dann überlegen, was passiert, wenn in einer Schüssel mit Wackelpudding ein Apfel wächst. Wird nicht der Apfel den Wackelpudding beziehungsweise den Raum ganz schön verformen? Keine Frage. Und wird nicht eine kleine niedliche Johannisbeere den Wackelpudding nur ein ganz niedliches bisschen verformen? Auch keine Frage. Mit ihrer kleinen Masse kann die Johannisbeere keine große Wirkung auf den Wackelpudding-Raum ausüben.

Zugegeben, das Bild mit dem Wackelpudding ist etwas wackelig. Wenn man mit Physikern darüber

DIE ZUKUNFT DES UNIVERSUMS

Wir wissen heute, dass sich das Universum, getrieben von Dunkler Energie, ewig ausdehnen wird. Allerdings wird es dabei alles vorhandene Gas aufbrauchen, bis irgendwann keine neuen Sterne mehr entstehen. In 1000 Milliarden Jahren werden alle Sterne erloschen sein. In noch viel fernerer Zukunft wird die gesamte »helle« Materie zerfallen sein. Das All wird unvorstellbar viel größer sein als heute und zugleich grauenhaft leer, kalt und dunkel.

spricht, kann es sein, dass sie sehr zerknautschte Gesichter bekommen und sagen, dass es so einfach nicht geht. Aber in einem Kinder-Uni-Buch kann man schon mal eine Ausnahme machen. Es ist natürlich besser, man behält die Sache mit dem Wackelpudding für sich und schreibt sie nicht gerade in eine Physik-Klassenarbeit hinein. Oder erwähnt sie womöglich in einer Diskussion mit Nobelpreisträgern.

Die Entdeckung, dass die Masse auf den Raum einwirkt, ist für uns aber sehr wichtig. Denn mit ihrer Hilfe können wir den Schwurbel vermeiden. Wenn die Masse auf den Raum wirkt, dann wirkt umgekehrt auch der Raum auf die Masse. Beide hängen aneinander. Genauso ist es mit der Zeit. Laut Einstein hängt auch sie mit dem Raum und der Masse eng zusammen.

»Was war eine Minute vor dem Urknall los?« So lautete die gefährliche Frage, die wir jetzt beantworten können. Die Antwort lautet: Raum und Zeit sind erst mit dem Urknall entstanden. Der Urknall war so etwas wie der Startschuss bei einem Rennen. Erst mit dem Schuss begann die Stoppuhr zu laufen, erst mit dem Schuss entstand die Zeit. Die Frage: »Was war davor?« ist sinnlos, weil es ohne Zeit gar kein »Davor« geben kann.

HINTERGRUNDSTRAHLUNG

Im Jahr 1965 stellten die Physiker fest, dass von dem Lichtblitz, der kurz nach dem Urknall schlagartig das All erleuchtet hatte, noch ein Strahlen übrig geblieben war. Wir nehmen diese Hintergrundstrahlung zwar nicht mehr als Leuchten wahr – dazu hat sie sich schon zu sehr abgekühlt. Aber sie ist immer noch messbar. Genau wie der Urknall den gesamten Raum füllte, so füllt auch die Hintergrundstrahlung heute den ganzen vorhandenen Weltraum.

Auch der Raum breitete sich erst mit dem Urknall aus. Immer noch denken viele Leute, dass sich der Urknall in einer Art riesiger leerer Halle abspielte, in deren Mitte es plötzlich krachte. Aber das ist ganz falsch. So darf man sich auf gar keinen Fall den Beginn der Welt vorstellen! Richtig ist: Es gab keine Halle und keinen absoluten Raum, in dem etwas explodierte. Der Urknall fand nicht an einem Ort statt, zum Beispiel zwei Meter neben dem Papierkorb der 6b, sondern er füllte den gesamten vorhandenen Raum aus. Er war überall. Auch heute, 14 Milliarden Jahre später, können wir nicht sagen, »wo« es damals geknallt hat. Denn es hat überall geknallt.

Seit dem Knall wächst das Universum. Aber es wächst nicht etwa, weil sich rund um uns die Galaxien davonmachen. Es wächst, weil der Raum selbst wächst. In unserem Bild würde das bedeuten, dass sich der durchsichtige Wackelpudding unaufhörlich vermehrt und dabei alle Äpfel und Johannisbeeren mitnimmt.

Eine Zitrone ohne Schale

Weil es die Riesenhalle mit dem absoluten Raum nicht gibt, existiert auch nichts außerhalb des Weltraums. Der Weltraum ist alles, was wir haben, jenseits von ihm ist nicht einmal Platz für ein Maikäfer-Ohr. Das ist beruhigend, denn so wissen wir, dass es keine zotteligen Riesen gibt, die um uns herum sitzen und »Universum« mit uns spielen, so wie wir »Siedler«. Es können deshalb auch keine zotteligen Riesenkinder auf den Gedanken kommen, das Spiel einfach umzuschmeißen, nur weil sie mit ihren Erdlingen gerade auf der Verliererstraße sind.

Auch vor 14 Milliarden Jahren war nichts außerhalb des Universums. Die Zitrone, unser kleines energiegeladenes Baby-Universum, hatte keine Schale. Eine Schale wäre eine Grenze, die zwei Bereiche voneinander trennt: das Innen und das Außen. Doch wir haben schon erfahren: Es gab und gibt keinen Raum außerhalb des Weltraums. Wir können deshalb sagen, dass die Zitrone, obwohl sie so klein war, zugleich grenzenlos groß war.

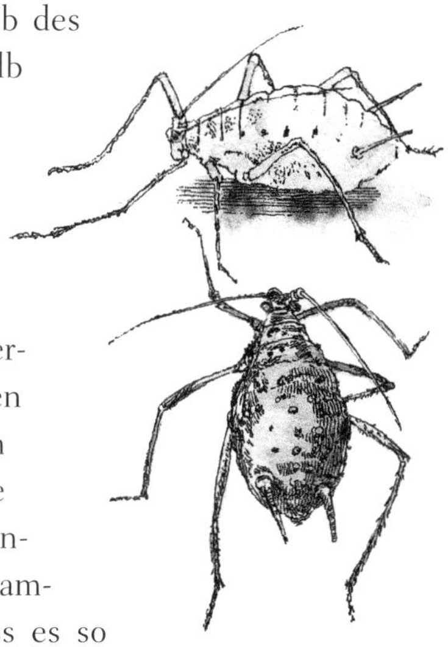

Leider haben wir für solche verrückten Erkenntnisse keine Bilder. Unser Vorstellungsvermögen ist für schalenlose Zitronen nicht eingerichtet. Wir können uns noch so sehr anstrengen: Eine Zitrone im absoluten Nichts bringen wir nicht zu einem Bild zusammen. Das heißt aber nicht, dass es so etwas nicht gibt. Seit Einstein wissen wir, dass im Weltraum Dinge passieren, die unsere Vorstellungskraft übersteigen. Die Dehnung der Zeit und die Verkürzung des Raums sind solche Dinge. Wir können sie uns nicht vorstellen, aber es gibt sie. Man kann sie sogar messen.

Weil der Weltraum keine Grenze hat und keinen Rand, hinter dem das Außen beginnt, hat er auch keinen Mittelpunkt. Die Mitte des Universums befindet sich überall: Im Andromeda-Nebel, auf dem Mars, im McDonalds um die Ecke. Völlig zu Recht können wir sogar behaupten, dass sich die Mitte des Universums hier in diesem Buch befindet: genau hier auf dieser Seite, in der Mitte des Buchstabens »O«. Und zwar in jedem »O« in jedem Exemplar dieses Buches.

Auch wenn wir uns inzwischen an viele merkwürdige Dinge gewöhnt haben: Die Sache mit der Mitte des Universums ist und bleibt rätselhaft. Astronomen erklären einem die Sache mit der fehlenden Mitte gern mit Hilfe eines Luftballons, auf dem zwei Blattläuse sitzen. Wenn der Ballon aufgeblasen wird, dehnt er sich aus und die beiden Blattläuse entfernen sich voneinander, ohne selbst einen Schritt zu tun. So ähnlich bewegen sich auch die Galaxien voneinander weg, ohne sich selbst bewegen zu müssen.

Die Astronomen sagen, dass der Luftballon für die Blattläuse ungefähr so funktioniert wie das Universum für uns. Für die Läuse ist die Welt platt, ungefähr so wie ein großes Blatt Papier. Sie leben nur in zwei Dimensionen und können nicht erkennen, wenn das Papier sich krümmt. Ein Luftballon ist für sie endlos, denn seine Grenzen sind nur aus der dritten Dimension sichtbar. Die Blattläuse können stundenlang auf der Oberfläche herumlaufen und werden nie an sein Ende kommen oder an seine Mitte.

Genauso könnten wir von unserer Erde aus geradewegs in den Weltraum fliegen und würden nie an sein Ende kommen. Wir leben zwar in drei Dimensionen, aber das reicht nicht, um die Gestalt des

Weltraums zu begreifen. Nur wer eine Dimension mehr drauf hat, kann erkennen, dass auch der Weltraum nicht unendlich groß ist. Seine Grenze befindet sich in der vierten Dimension.

Für alle, die im Weltraum nach einer Tür suchen, hinter der ein anderes, aufregenderes Universum beginnt, ist das eine schlechte Botschaft. Sie müssen sich damit abfinden, dass der Weltraum für die Menschen weder eine Mitte noch einen Rand besitzt. Auch mit hyperschnellen Raumschiffen würden wir nie an seine Grenze kommen. Wir sind Gefangene des Universums und haben nicht einmal eine Tür vor der Nase, die sich eines Tages öffnen könnte. Zum Glück ist unser Gefängnis nicht besonders eng. Es ist 150 Milliarden Lichtjahre groß, enthält Trilliarden von Sternen und Planeten und wird jedes Jahr ein paar Lichtjahre größer. Es enthält alles, was wir brauchen. Es ist perfekt. Nur das Wetter könnte etwas besser sein.

Huhu, ist da sonst noch wer?

Eigentlich gibt es auf der Erde ja schon genügend unbekannte Lebewesen. Wer kennt schon alle Bürger seiner Stadt? Oder die Schüler seiner Schule? Oder wenigstens die Bewohner der eigenen Straße? Trotzdem sind die Menschen seit Jahrtausenden scharf darauf, auch jenseits ihres Planeten Lebewesen kennen zu lernen. Unbekannte Wesen, die vielleicht schleimig sind, Mundgeruch haben und keine einzige gute Fernsehserie empfehlen können. Aliens aus fernen Sonnensystemen. Was macht sie so faszinierend?

Es könnte ein Meteorit sein, der in der Antarktis niedergeht und in seinem Inneren eine rätselhafte grüne Substanz verbirgt. Es könnte eine Sonde sein, die auf einem Jupitermond landet und tief unter einer Eisschicht eine überraschende Entdeckung macht. Es könnte aber auch ein unerklärliches Muster in einem Radiosignal sein, das eines Morgens von einem Teleskop auf der Erde aufgefangen wird. Sicher ist: Der Tag, an dem die Menschen auf außerirdisches Leben stoßen, wird die Welt verändern. Die Zeitungen werden die Neuigkeit in riesigen Schlagzeilen verbreiten, jeder Radio- und Fernsehsender wird sein Programm unterbrechen, das

Internet wird von unzähligen Diskussionen und E-Mails blockiert werden.

Der Gedanke, dass irgendwo im Weltraum andere Wesen leben könnten, womöglich sogar intelligentere als wir, ist aufregend und ein bisschen unheimlich. Werden wir mit den Aliens Kontakt aufnehmen können? Sind sie böse? Wie sehen sie aus? Geben sie ihren Kindern mehr Taschengeld als wir? Es gibt unzählige Fragen. Und es gibt unzählige Leute, die sich diese Fragen stellen.

Tausende von Filmen, Büchern und Internet-Seiten widmen sich dem Thema »außerirdisches Leben«. Wissenschaftler treffen sich auf Kongressen mit eindrucksvollen Titeln, um zu diskutieren, wie Leben auf einem fremden Planeten entstehen könnte. Raumschiffkonstrukteure planen Expeditionen zu fremden Planeten. Und jede Menge Ufologen tauschen Berichte über angebliche Landungen aus. Es wimmelt geradezu von Aliens.

Warum reden alle über Aliens? Was macht die Außerirdischen so spannend? Auf diese Frage gibt es viele Antworten. Eine der wichtigsten lautet: Menschen sind neugierig. Sie interessieren sich für alles, was sie nicht kennen und was geheimnisvoll ist. Und was ist geheimnisvoller als außerirdische Lebewesen?

Wenn man Geschichtsbücher studiert, stellt man fest, dass sich die Leute immer dann besonders für Außerirdische interessierten, wenn sich in ihrer Zeit viel Neues tat. Wenn zum Beispiel unbekannte Länder entdeckt, raffinierte Technologien ausprobiert oder gewagte philosophische Theorien entwickelt wurden. Vor über 2500 Jahren war Griechenland ein Land, in dem jede Menge neuer Gedanken aufkamen. Philosophen wie Demokrit, Epikur und

Xenophanes überlegten damals nicht nur, was es mit der Welt und dem Weltraum auf sich hat, sie waren auch überzeugt, dass im Universum andere Lebewesen existierten. Ein Philosoph namens Metrodorus, der im 4. Jahrhundert vor Christus lebte, meinte sogar: Ein Universum ohne bewohnte Planeten sei ungefähr so absurd wie ein riesiges Feld, auf dem nur eine einzige Weizenpflanze wachse.

Jahrhunderte später beherrschte das römische Imperium die halbe Welt. Im riesigen Reich konnte man weite Reisen antreten, die Technologie war hochentwickelt, neue Ideen verbreiteten sich schnell. So kam im 2. Jahrhundert nach Christus der reiselustige Schriftsteller Lukian von Samosata auf eine verrückte Idee. Er schrieb eine Geschichte über eine Reise zum Mond. Seine »wahre Geschichte« erzählte von einem Treffen mit Außerirdischen und war der erste Sciencefiction-Roman der Welt.

Die Helden seiner Erzählung geraten mitsamt ihrem Schiff in einen mächtigen Sturm. Sie werden angehoben und zu ihrer Überraschung auf dem Mond abgesetzt, wo gerade Krieg herrscht. Der Mondkönig kämpft mit dem Sonnenkönig um die Eroberung der Venus. Lukian beschreibt die Mondbewohner ganz genau. Sie tragen Kleider aus Glas, ernähren sich vom Geruch gebratener Frösche und trinken gepresste Luft in Tassen. Über ihrem Po wächst statt eines Schwanzes ein grüner Kohlkopf. Wenn sie schwitzen, schwitzen sie Milch, und aus der Nase schnäuzen sie sauren Honig. Krieg führen die Mondbewohner mit gigantisch großen Heeren, in denen Tausende von Knoblauchwerfern und Rettichschleuderern kämpfen. Die Rettichschleuderer bewerfen den Feind mit entsetzlich großen Rettichen, die übelriechende Wunden hinterlassen.

MIKROMEGAS

Der französische Schriftsteller Voltaire ließ zum ersten Mal einen Außerirdischen auf der Erde landen: »Mikromegas« ist ein freundlicher Riese, der vom Sirius zur Erde reist und sich über die seltsamen Ansichten der Erdlinge amüsiert.

Nach dem Untergang des römischen Reiches bestimmte die christliche Kirche viele Jahrhunderte das kulturelle Leben in Europa. Sie war an Ruhe und Ordnung interessiert und wollte, dass die Gläubigen ein gottesfürchtiges Leben führten. Geschichten von Kohlkopfschwänzen und außerirdischen Rettichschleuderern passten nicht zu ihrer Lehre, in der die Erde den Mittelpunkt des Universums bildete und die Menschen von Gott geschaffen worden waren. Sie verbot alle Diskussionen darüber. Wer sich an das Verbot nicht hielt, dem drohten Folter und Tod.

Mondbewohner, die von Duft leben

Aber nicht einmal mit der Folter konnte die Kirche verhindern, dass nach dem Ende des Mittelalters eine Zeit voller Entdeckungen und Erfindungen begann. Im Jahr 1492 landete Columbus in Amerika, und 1509 behauptete Kopernikus, die Erde würde um die Sonne kreisen. Das war eine gewagte Behauptung, die sich trotzdem verbreitete. Gelehrte wie Galilei, Giordano Bruno und Johannes Kepler folgten Kopernikus. Für sie war die Erde nicht mehr das Zentrum des Universums, sondern nur einer von mehreren Planeten, die um die Sonne kreisten. Für ihre Überzeugungen mussten die Wissenschaftler büßen: Der Astronom Galilei wurde zum Widerruf seiner Ideen gezwungen, der Mönch Giordano Bruno grausam gefoltert und auf dem Scheiterhaufen verbrannt. Bruno glaubte schon im 16. Jahrhundert, dass die Sonne nur ein Stern unter vielen war und sich durch ein endlos großes Universum bewegte. Der Mönch war überzeugt, dass es in die-

H·G· WELLS

sem riesigen Universum unendlich viele bewohnte Planeten gab.

In der Zeit von Bruno und Galilei erwachte das Interesse an Außerirdischen wieder. Die Bewohner Europas hatten sich daran gewöhnt, dass ihre Seefahrer auf allen Weltmeeren kreuzten, jetzt wollten sie auch in den Weltraum aufbrechen und seine Bewohner kennen lernen. Besonders fasziniert waren die Weltraumbegeisterten vom Mond. Bis zu seinem Tod schrieb der Astronom Johannes Kepler an einem Roman über den Mond und seine Bewohner. Und der Dichter Cyrano de Bergerac schickte seinen Helden schon mit einer selbstgebauten Rakete auf die Reise zu unserem Trabanten. Auf dem Mond trifft er Wesen, die sich von Duft ernähren und so lange Nasen besitzen, dass sie als Sonnenuhren taugen.

Die vielen neuen Entdeckungen und Erfindungen beflügelten Kunst und Wissenschaft, sie machten aber auch Angst. Man fürchtete sich vor unheimlichen neuen Waffen, vor gefährlichen Technologien und geheimen Verschwörungen. Prompt tauchten in den Büchern die ersten bösen Außerirdischen auf. Im Jahr 1898 schrieb der Engländer H. G. Wells ein Buch mit dem Titel »Krieg der Welten«, in dem Marsianer mit dreibeinigen Kampfmaschinen Großbritannien überfallen. Die englische Armee, die damals Völker auf der ganzen Welt beherrschte, hatte keine Chance gegen die Invasoren. Erst die primitivsten aller irdischen Lebewesen konnten die Eindringlinge stoppen: Bakterien. Sie töteten die Marsianer.

In den vergangenen hundert Jahren haben Wissenschaft und Technik enorme Fortschritte gemacht. Astronomen blicken heute tief in den Weltraum, Raumsonden erreichen den Rand unseres Sonnensystems, Gentechniker entwickeln neue Lebewesen. Die Aliens helfen uns dabei, mit diesen Fortschritten klar zu kommen. In Filmen und Comics benutzen sie heute schon Technologien, die es, wenn überhaupt, erst in ferner Zukunft geben wird: fliegende Autos, Gedankenlesegeräte, Zeitmaschinen, Laserschwerter. Wenn wir solche Erfindungen im Film sehen, können wir sie in unserer Phantasie schon mal antesten und schauen, wie sie das Leben verändern.

INVASION IM HÖRSPIEL

Der Regisseur Orson Welles machte aus dem Roman »Krieg der Welten« im Jahr 1938 ein Hörspiel. Als das Stück in der Halloween-Nacht gesendet wurde, verwechselten etliche Zuhörer das Hörspiel mit der Wirklichkeit. Aus Angst vor den Marsianern riefen sie bei der Polizei an. Von einer »Massenpanik«, wie einige Journalisten hinterher schrieben, konnte allerdings keine Rede sein.

Manche Leute brauchen Aliens auch als eine Art Religion. Genau wie die alten Götter oder die Engel wohnen Außerirdische schließlich im Himmel und tun Dinge, die wir selbst nie hinbekommen würden. Für diese Ufo-Fans sind die Aliens allmächtige Wesen, denen man alles Glück und Unglück der Welt in die intergalaktischen Riesenschuhe schieben kann. Das ist sehr praktisch, wenn man sich nicht mit der komplizierten Wirklichkeit beschäftigen möchte.

Heute gibt es Aliens für jeden Geschmack. Den Weltraum bevölkern bitterböse Schurken wie Darth Vader, hässliche Klingonen greifen das Raumschiff Enterprise an, und eine Menge schleimiger bissiger Wesen schrecken nicht davor zurück, sich in hilflose Astronauten hineinzufressen oder ganze Städte in Schutt und Asche zu legen. Allerdings finden sich auch sympathische Weltraumvagabunden wie Ford Prefect aus dem Buch »Per Anhalter durch die Galaxis«. Es

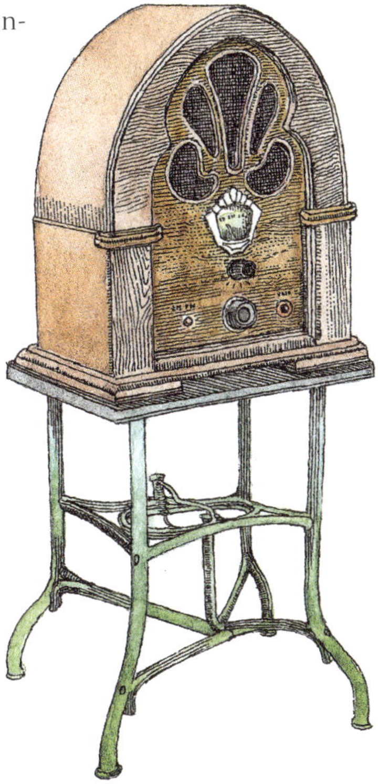

BELIEBTE ALIENS

Mit einer Umfrage fand der Radiosender »Deutsche Welle« im Jahr 1998 heraus, dass 52 Prozent aller Deutschen an außerirdische Lebewesen glauben. Nur 37 Prozent glauben nicht daran. In den USA sind sogar 70 Prozent aller unter Dreißigjährigen überzeugt, dass es Ufos oder Aliens gibt.

gibt den runzligen kleinen E.T., den supervernünftigen Vulkanier Spock mit seinen Spitzohren, zottelige Quatschmacher wie Alf, den Mausbiber Gucky aus den Perry-Rhodan-Heften und den weisen Meister Yoda aus den Star-Wars-Filmen.

Obwohl die Aliens aus den Filmen und Büchern ganz anders aussehen als wir und zum Beispiel drei Augen haben oder Krakenarme mit grünen Schuppen dran, sind sie trotzdem ziemlich menschlich. Mit ihrem komischen Aussehen haben es die erfundenen Aliens leicht, Kontakt zu unseren Gefühlen aufzunehmen. Wir brauchen ein Alien nur kurz zu sehen und wissen gleich, ob wir es mögen oder hassen, ob es süß ist oder eklig, ein guter Kumpel oder jemand, vor dem man auf der Hut sein muss. Der kleine E.T. ist zum Beispiel eine herzergreifende Mischung aus gütigem Opa und niedlichem Baby: Kinder müssen ihn einfach lieb haben. Dagegen sehen die Klingonen, die Commander Kirk im Raumschiff Enterprise das Leben schwer machen, ungefähr so aus, wie sich manche Amerikaner früher die Russen vorstellten: groß, grob und böse. Das passte prima in die Zeit des Kalten Krieges, als die Amerikaner mit den Russen um die Vorherrschaft in der Welt stritten. Wer Geschichten mit Aliens liest oder Alien-Filme sieht, lernt daher vor allem eines kennen: die Erde, ihre Bewohner und ihre mögliche Zukunft.

Doch wie steht es um echte Aliens? Um Lebewesen, die nicht auf der Erde geboren wurden und nicht der Fantasie eines Autors entstammen, sondern wirklich von einem fernen Planeten kommen, einem fernen Sternensystem oder sogar einer fernen Galaxie? Wie kommen wir mit ihnen klar? Werden wir sie jemals treffen?

Wer wohnt auf Titan und Europa?

Am einfachsten wäre es, wir könnten Astronauten losschicken, um auf fremden Planeten nach ihnen zu suchen. Sie könnten per Funk melden: »Bin soeben von zwei Aliens angehalten worden, die behaupten, ich hätte die Geschwindigkeitsbegrenzung auf Brxx76m überschritten.« Leider werden wir auf eine solche Meldung noch sehr, sehr lange warten müssen. In unserem Sonnensystem gibt es außer der Erde keinen Planeten, auf dem irgendwelche Lebewesen Radarfallen aufstellen könnten. Sie sind viel zu heiß oder zu kalt, es fehlt an Wasser und Sauerstoff. Das Einzige, worauf wir hoffen können, sind Überreste vergangenen Lebens.

Bei ihrer Suche nach Leben in unserem Sonnensystem setzen die Astronomen deshalb auf zwei Monde, den Jupitermond Europa und den Saturnmond Titan. Auf beiden findet sich zwar kein Sauerstoff, aber möglicherweise flüssiges Wasser – eine wichtige Voraussetzung für Leben. Titan verfügt sogar über eine Atmosphäre wie sie die Erde vor Milliarden Jahren hatte. Doch leider ist der Titan, auf dem im Januar 2005 die europäische Sonde Huygens landete, sehr kalt: minus 180 Grad. Auch der Jupitermond Europa, auf dem die Forscher einen unterirdischen Salzsee vermuten, ist eigentlich zu kalt für Leben. Inzwischen wissen wir aber, dass Bakterien erstaunliche Temperaturen aushalten. Es kann deshalb sein, dass auf einem der beiden Monde trotzdem Leben zu finden ist. Doch leider: Selbst wenn es in ferner Zukunft gelingen sollte, auf Europa die kilometerdicke Eisschicht zu durchbohren und auf Wasser zu stoßen, würden wir im allerbesten Fall nur sehr einfache Organismen

PERRY RHODAN

ist die erfolgreichste Sciencefiction-Serie der Welt. Sie wurde 1961 in Deutschland gegründet und erscheint bis heute in vielen Ländern. Die gesamte Auflage beträgt weit über eine Milliarde Exemplare, über 2300 Folgen sind bislang erschienen. Die Anfangsautoren sind längst verstorben. Heute werden die Folgen von einem Team von neun Autoren geschrieben, ein Chefautor aus Oldenburg sorgt dafür, dass die vielen Handlungsstränge zusammenpassen.

finden, mit denen man sich nicht einmal über die Teletubbies unterhalten kann.

Um interessantere Lebensformen zu entdecken, müssten wir unser Sonnensystem verlassen. Das ist aber, wie wir erfahren haben, nicht gerade einfach. Selbst zu unserem Nachbarstern Proxima Centauri ist die Entfernung so groß, dass irdische Astronauten sie kaum überwinden können: 4,2 Lichtjahre. Die beiden Voyager-Sonden haben fast 30 Jahre gebraucht, um den Rand unseres Sonnensystems zu erreichen, bis Proxima Centauri wären sie über 80 000 Jahre unterwegs. Hinzu kommt, dass Proxima Centauri eine ziemlich kühle Sonne ist, ein Roter Zwerg, der für bewohnbare Planeten nicht genügend Energie liefert. Auch die beiden anderen Sterne, mit denen Proxima Centauri ein Trio bildet, sind keine guten Adressen für Lebewesen. Sie sind zwar größer und wärmer, doch kämen Planeten in ihrem doppelten Schwerkraftsystem schnell ins Trudeln. Das bedeutet: In kürzester Zeit könnten sich die Temperaturen auf solchen Planeten radikal ändern – zu radikal für Lebewesen. Wir müssen also feststellen: Mit den Raumschiffen, die wir uns heute technisch vorstellen können, haben wir keine Chance, jemals einen belebten Planeten zu erreichen.

Das bedeutet aber nicht, dass es keine bewohnbaren Planeten gibt. Im Gegenteil. Allein unsere Galaxie, die Milchstraße, zählt über 200 Milliarden Sterne. Und unsere Galaxie ist nur eine von 100 Milliarden Galaxien. Es wäre erstaunlich, wenn nicht irgendwo in einem dieser gigantischen Sternhaufen um einen der unzähligen Sterne ein Planet kreisen würde, auf dem sich ein paar Lebewesen herumtreiben. Allerdings muss ein solcher Planet schon ein paar Qualitäten mitbringen, um zur Heimat von Lebewesen werden zu können.

Lebende Wesen sind anspruchsvoll. Anders als Sand, Eisen oder Steine begnügen sie sich nicht mit Herumliegen, sondern sind aktiv. Sie beschaffen sich Energie aus ihrer Umgebung, nehmen Sauerstoff, Nahrung und andere Stoffe auf und verarbeiten sie. Und sie vermehren sich, das heißt: Sie tragen eine Information mit sich, einen Bauplan, den sie an Nachkommen weitergeben.

Selbst einfache Lebewesen sind deshalb schon ziemlich kompliziert gebaut. Zwar bestehen sie genau wie Sand und Steine nur aus Atomen, doch haben sich die Atome in ihren Körpern zu langen Ketten zusammengetan. So können sie die unzähligen chemischen Reaktionen bewältigen, die nötig sind, um zu wachsen, sich zu vermehren und Futter in Energie umzuwandeln. Die langen Ketten von Atomen gehen allerdings bei Hitze oder Strahlung schnell zu Bruch, weshalb Lebewesen extreme Temperaturen oder harte Strahlung grundsätzlich nicht vertragen. Wasser dagegen erhöht die Lebensfreude sehr: Es ist als Lösungsmittel bei den vielen chemischen Reaktionen, die in einem Lebewesen ständig passieren, unverzichtbar.

Eine Menge Planeten im Universum scheiden deshalb aus. Gasplaneten wie Uranus und Saturn kann man als Quartier ebenso vergessen wie heiße, staubtrockene Felsbrocken vom Typ Merkur. Bewohnbare Planeten brauchen eine schützende Atmosphäre, und sie müssen genau den richtigen Abstand zu ihrem Stern einhalten. Wäre beispielsweise der Abstand von der Erde zur Sonne nur ein wenig größer, gäbe es auf der Erde kein flüssiges Wasser mehr, und es hätte sich mit großer Sicherheit kein Leben entwickelt. Bewohnbare Planeten sollten auch in einer gleichmäßigen, nicht allzu gekrümmten Bahn um ihren Stern rotieren, sonst besteht die Gefahr, dass die Temperatur zu sehr schwankt. Planeten, die sich um Bewohner bewerben, sollten möglichst zudem einen dicken Begleiter haben wie die Erde. Bei uns sorgt der Mond mit seinen Umdrehungen dafür, dass die Erde schön gleichmäßig um die Sonne herumkurvt und das Klima stabil ist. Sehr vorteilhaft für einen Planeten ist auch, wenn in seinem Sonnensystem ein großer Brummer seine Runden dreht wie bei uns der Jupiter. Mit seiner Schwerkraft sammelt er wie ein gigantischer Staubsauger die größten Asteroiden ein und schützt die Erde vor gigantischen Meteoriten-Einschlägen. Solche Meteoriten können mit einem Schlag sämtliches Leben auf einem Planeten auslöschen.

DIE DRAKE-GLEICHUNG

gibt nach Ansicht ihres Erfinders Frank Drake die Wahrscheinlichkeit für intelligentes Leben im Universum an. Sie lautet: N = R × f (p) × n × f (pl) × f (i) × f (k) × L. »N« ist die Zahl der intelligenten Zivilisationen, »R« die mittlere Sternentstehungsrate pro Jahr, f(p) die Zahl der Sterne mit Planetensystem, »n« die Zahl der Planeten in einer bewohnbaren Entfernung von ihrem Stern, f (pl) der Anteil belebter Planeten, f (i) der Anteil von Planeten mit intelligentem Leben, f (k) der Anteil von Zivilisationen mit hochentwickelter Kommunikationstechnik und »L« die mittlere Überlebensdauer solcher Zivilisationen.

Der amerikanische Astronom Frank Drake hat sich im Jahr 1960 gefragt, wie viele solcher Planeten es in der Milchstraße wohl geben könnte. Er glaubte, den Anteil mit Hilfe einer Formel berechnen zu können, der sogenannten Drake-Gleichung. Sie berücksichtigt eine Menge Faktoren, so etwa die Rate der Sternenentstehung in einer Galaxie, den möglichen Anteil von Sternen mit bewohnbaren Planeten und sogar die Zeit, die eine intelligente Lebensform überleben kann. Leider können wir die meisten Faktoren nicht genau angeben. Niemand weiß zum Beispiel, wie lange es intelligente Lebewesen auf einem Planeten aushalten, bis sie aussterben oder sich im Erdkundeunterricht zu Tode langweilen. Trotzdem haben die vielen Alien-Fans immer wieder versucht, die Zahl auszurechnen, und kamen dabei zu höchst unterschiedlichen Ergebnissen.

Die einen fanden heraus, dass die Erdbewohner im Universum wohl nicht besonders viel Gesellschaft haben. Ihr Planet sei ein absoluter Ausnahme- und Glücksfall, so etwas wie die Erde komme so gut wie nie vor. Die anderen errechneten, dass allein in unserer Galaxie etwa zehn Millionen Planeten bewohnt sein müssten. Ein unbekannter Forscher will angeblich sogar herausgefunden haben, dass es in der Milchstraße mindestens fünf verschiedene vollschlanke Musiklehrerinnen namens Krempel geben müsste, doch konnte er sich mit dieser These nicht durchsetzen.

Bei allen Unterschieden sind sich die Drake-Berechner immerhin in einem Punkt einig. Die Voraussetzungen, die auf der Erde Leben ermöglicht haben, kommen im Universum nicht gerade häufig vor. Nur die wenigsten Sterne in unserer Galaxie sind nach unserem heutigen Wissensstand in der Lage, Planeten vom Kaliber der Erde an sich zu binden. Einzig die riesige Zahl an Sternen (hundert Milliarden) sorgt dafür, dass die Chancen trotzdem nicht gegen Null gehen.

Was braucht ein Alien zum Leben?

Könnten wir nur jenseits unserer eigenen Galaxie nach bewohnten Planeten forschen! Da es Milliarden von Galaxien gibt, ist es sehr wahrscheinlich, dass im Universum auch ein paar Milliarden Planeten mit intelligenten Bewohnern zu finden sind. Leider werden wir nach unserem heutigen Wissensstand niemals Kontakt mit ihnen aufnehmen können. Schon zu unserer Nachbargalaxie, dem Andromeda-Nebel, wäre ein Funkspruch 2,7 Millio-

EVOLUTION IM UNIVERSUM

Die Evolution setzt voraus, dass bei der Übermittlung der Erbinformationen an die Nachkommen kleine Fehler passieren. Manchmal ist das ein Nachteil für die nächste Generation, manchmal aber auch ein Vorteil: Mit den neuen Fähigkeiten, die das Lebewesen seinen Erbinformationen verdankt, findet es sich in seiner Umwelt besser zurecht und bekommt mehr Nachkommen. Dieses Prinzip ist nicht auf die Erde begrenzt.

nen Jahre unterwegs. Ein unterhaltsames Gespräch kommt unter diesen Voraussetzungen nicht in Schwung.

Wie ein Planet aussehen müsste, der sich als Quartier für Außerirdische eignet, haben wir schon erklärt: Ungefähr so wie die Erde. Doch was ist, wenn der Planet absolut perfekt ist und sich dort trotzdem nicht die kleinste Bakterie als Bewohnerin niederlassen will? Nach den Erkenntnissen der irdischen Biologen ist das sehr unwahrscheinlich. Zwar haben die Wissenschaftler noch nicht ganz verstanden, wie auf unserem Planeten der Sprung von der unbelebten zur belebten Materie gelang, doch sind sie überzeugt, dass der Weg zum Leben unvermeidlich ist, wenn nur die Bedingungen stimmen. Auf jedem Planeten, der so aussieht wie die Erde vor 3 Milliarden Jahren, müsste die Evolution in Gang kommen und im Laufe von Millionen oder Milliarden Jahren immer höhere Lebensformen erzeugen.

Natürlich werden diese außerirdischen Lebensformen nicht unbedingt so aussehen wie die Tiere und Pflanzen bei uns. Wie man auf der Erde sehen kann, ist die Evolution ziemlich einfallsreich. Sie hat Regenwürmer hervorgebracht, Krokodile, Zwerghasen, Kraken, Rosen, Stechmücken, Darmbakterien. Es ist also gut möglich, dass Aliens grün sind, einen übelriechenden, zähen Schleim absondern und das auch noch schön finden. Es kann aber auch sein, dass die Evolution auf einem fremden Planeten zu Lösungen kommt, die denen auf der Erde wenigstens ähneln. Schließlich müssen sich auch Aliens in einer »Umwelt« be-

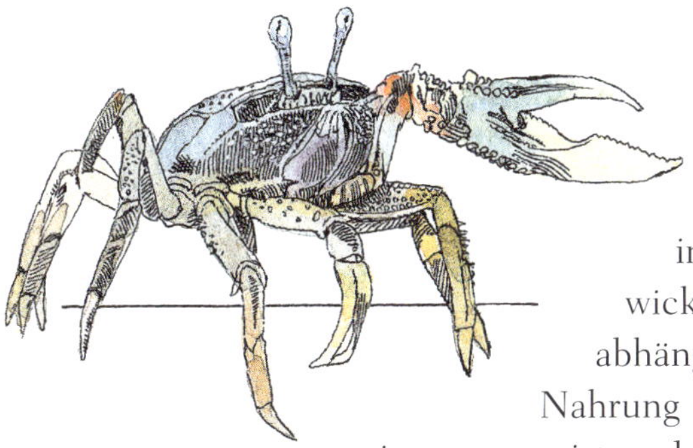

haupten. Sie sind in ihrer Entwicklung davon abhängig, welche Nahrung sie finden, wie warm es ist und wie gefährlich ihre Feinde sind.

Die Aufgaben, die fremde Lebewesen auf ihrem Planeten zu lösen hätten, unterscheiden sich also gar nicht so sehr von den Aufgaben ihrer Kollegen auf der Erde. Auch Aliens müssen zum Beispiel ihren Organismus mit Energie versorgen, sie brauchen einen Kreislauf und ein Nervensystem. Wenn sie mobil sind, benötigen sie so etwas wie Flossen, Beine oder Flügel. Und damit sie nicht ständig gegen Vulkanwände stoßen, sollten sie ein paar Signale von ihrer Umwelt aufnehmen können. Augen oder Ohren sind dafür ideal. Mit den Informationen ihrer Sinnesorgane müssen die Wesen auch etwas anfangen können, ihr Körper sollte deshalb über eine Art Kontrollzentrum verfügen. Ob dieses Zentrum wie bei uns an einem festen Ort im Organismus untergebracht ist, dem Gehirn, oder ob es sich auf den ganzen Körper verteilt, können wir nicht sagen. Beides ist vorstellbar. Theoretisch wäre es sogar möglich, dass intelligente Wesen auf einem fremden Planeten eine gemeinschaftliche Intelligenz entwickeln, ähnlich wie Ameisen oder ein Computernetzwerk.

Selbst bei den Grundbausteinen haben Aliens nicht so viele Alternativen wie es scheint. Nach unserem Wissensstand finden sich überall im Universum die gleichen Elemente: Wasserstoff, Helium

LEBEWESEN AUS SILIZIUM?

In Sciencefiction-Romanen tauchen öfter Lebewesen auf, die aus Siliziumverbindungen bestehen, so etwa in der japanischen Manga-Reihe »Blame!«. Tatsächlich ist Silizium sehr reaktionsfreudig und könnte nach Ansicht einiger Forscher eventuell Kohlenstoff ersetzen. Trotzdem sind auf der Erde nie Siliziumwesen entstanden, obwohl das Element sehr weit verbreitet ist.

und Lithium waren schon kurz nach dem Urknall in der Welt, achtundsiebzig weitere kamen im Lauf der Zeit hinzu. Ingesamt stehen (wenn man die Dunkle Materie einmal ausklammert) einundachtzig stabile Bau-Elemente zur Verfügung. Selbst die grünsten und schleimigsten Monster aus den absonderlichsten Gegenden des Universums müssen aus diesen einundachtzig Bausteinen bestehen.

Unter den einundachtzig Elementen ist eines für schleimige Monster und andere Lebewesen besonders interessant: Kohlenstoff. Es ist das aktivste von allen Elementen, ein quicklebendiger Alleskönner, der schnell und gern die längsten und kompliziertesten Verbindungen mit anderen Elementen eingeht. Jede Zelle in jedem Organismus auf der Erde besteht aus Kohlenstoffverbindungen. Die meisten Biologen, die sich mit der Entwicklung von Leben beschäftigen, gehen davon aus, dass auch außerirdische Lebewesen ohne Kohlenstoff nicht auskommen würden.

Freilich macht Kohlenstoff allein noch keine einzige Bakterie. Auch auf der Venus und dem Mars finden sich Kohlenstoffverbindungen, dabei sind diese Planeten mausetot. Die Forscher, die im All nach belebten Planeten suchen, müssen deshalb auch nach anderen Elementen schauen, die auf Leben hinweisen. Sauerstoff ist so ein Element. Schon die ersten Lebewesen der Erde, die Cyanobakterien, haben Sauerstoff produziert und die Luft damit angereichert, ihnen verdanken wir unsere lebensfreundliche Atmosphäre. Enthält eine Planetenhülle viel Sauerstoff, könnte das ein Zeichen für Leben sein.

Leider ist die Suche nach Atmosphären mit Kohlenstoff und Sauerstoff sehr kompliziert. Planeten leuchten einfach nicht hell genug, um auf der Erde erkannt zu werden. Der Stern, von dem sie ihr Licht beziehen, überstrahlt sie. Um Planeten zu entdecken, müssen Forscher sehr raffiniert vorgehen.

Wie man auf Planetenjagd geht

Die Astronomen messen zum Beispiel, ob ein Stern wackelt, weil ein Planet an ihm »zerrt«. Das klingt merkwürdig. Ein Planet, der zerrt? Ein Stern, der wackelt? Wie soll man sich das vorstellen? Schaukelt der dicke Stern etwa hin und her wie ein Jojo? So ist es natürlich nicht. Geschaukelt wird nur ein ganz kleines bisschen. Trotzdem können die Forscher mit ihren sehr feinen Instrumenten dieses bisschen messen und feststellen, ob ein großer Planet bei seinen Umläufen Schwerkraft auf seine Sonne ausübt und sie ein wenig wackeln lässt. Leider funktioniert das Verfahren nur, wenn die Planeten sehr viel Masse besitzen. Solche Planeten sind fast immer Gasplaneten wie der Jupiter. Garantiert unbewohnbar.

Eine andere Methode, um Planeten zu finden, erfordert viel Geduld. Manchmal kann es passieren, dass ein Planet sich auf seiner Umlaufbahn genau zwischen einen fernen Stern und die Erde schiebt. In diesem Fall kommt von dem Stern eine Zeit lang etwas weniger Licht auf der Erde an. Diese kleine Lichteinbuße kann mit modernen Teleskopen nachgewiesen werden. Leider hat das Verfahren den gleichen Nachteil wie das erste. Nur dicke Gasplaneten sind groß genug, um auf diese Weise erkannt zu werden. Außerdem kostet es viel Zeit. Schließlich wissen die Forscher nicht vorher, ob irgendwo ein

SAUERSTOFF AUF HD 209458B

Der erste ferne Planet, in dessen Atmosphäre Sauerstoff gemessen werden konnte, heißt HD 209458b. Dieser Gasplanet, der manchmal auch »Osiris« genannt wird, ist von der Erde 150 Lichtjahre entfernt und umkreist seine Sonne auf einer engen Bahn. Steht er genau zwischen seiner Sonne und der Erde, filtert er mit seiner Atmosphäre das Sonnenlicht. Weil die Astronomen die Wirkung dieses Filters berechnen können, wissen sie, dass die Atmosphäre Sauerstoff und Kohlenstoff enthält. Leben gibt es auf HD 209458b trotzdem nicht. Seine Oberfläche ist 1000 Grad heiß.

Planet einen Stern so umkreist, dass er ihn verdeckt. Die Astronomen müssen deshalb für lange Zeit eine große Menge von Sternen im Auge behalten und ihre Helligkeit messen. Immerhin haben die Astronomen mit Hilfe der beiden Methoden außerhalb unseres Sonnensystems schon über zweihundert Planeten entdeckt. Eine stolze Ausbeute, die allerdings bei der Suche nach Leben wenig Fortschritte brachte.

Die Forscher suchen deshalb nach einer Methode, um Planeten direkt anschauen zu können. Nur auf diese Weise erfahren sie etwas über den Aufbau des Planeten und die Zusammensetzung seiner Atmosphäre: Gibt es dort Sauerstoff? Kohlenstoff? Wasser? Solche Fragen können nur beantwortet werden, wenn das schwache Licht analysiert werden kann, das der Planet direkt in den Weltraum schickt.

Zum Glück haben die Astronauten einen neuen Trick auf Lager. In Zukunft wollen sie ein Sternsystem von zwei auseinanderliegenden Teleskopen aus beobachten. Dann können sie die Lichtwellen, die der Stern zur Erde schickt, so gegeneinander verschieben, dass ein Wellenberg von Teleskop 1 genau zu einem Wellental von Teleskop 2 passt. Prompt wird das Sternenlicht ausgeknipst, und die Planeten werden sichtbar. Die modernen Teleskope sind so empfindlich, dass sie selbst das schwache Licht auffangen können, das ein von Sonnenlicht beschienener Planet in den Weltraum sendet. Endlich wäre es dann möglich, die Zusammensetzung der Atmosphäre zu ermitteln. Licht, das von einem Planeten mit Sauerstoff kommt, sieht anders aus als Licht, das von einem Planeten ohne Sauerstoff in der Atmosphäre kommt.

Die Planetensuche ist unter den Astronomen ziemlich angesagt. Alle sind scharf darauf, den ersten erdähnlichen Planeten zu finden. Im Jahr 2015 soll der »TPF« starten, der »Terrestrial Planet Finder«, mit dem die NASA im Umkreis von 50 Lichtjahren auf Planetenjagd gehen will. Der TPF wird aus zwei großen Teleskopsystemen bestehen, die im Weltraum installiert werden. Mit ihnen lässt sich das Sternenlicht so stark reduzieren, dass der Blick frei wird für die Planeten. Über 150 Sternensysteme in unserer Umgebung kann die NASA damit durchsuchen.

Im gleichen Jahr will die europäische Raumfahrtagentur ESA ihr Darwin-Projekt starten. Auch dieses Super-Teleskop wird im Weltraum gebaut und besteht aus mehreren Einzelteleskopen, mit denen

DAS PROJEKT COROT

Alle bisher entdeckten Planeten jenseits unseres Sonnensystems waren riesige Gaskugeln. Mit der Corot-Sonde wollen die Franzosen erstmals auch Planeten mit fester Oberfläche entdecken. Das Teleskop an Bord misst dazu feine Helligkeitsschwankungen von Sternen, die von kreuzenden Planeten verursacht werden. Corot startete am 27. Dezember 2006 vom kasachischen Weltraumbahnhof Baikonur ins All.

sich das Sternenlicht ausblenden lässt. Voraussetzung dafür ist, dass die Satelliten, auf denen sich die Teleskope befinden, ihren Abstand zueinander millimetergenau einhalten.

Horch, was kommt von draußen rein?

Das aber ist noch längst nicht alles, was sich die Planetensucher einfallen lassen. Schon vor über vierzig Jahren hatten ein paar begeisterte Alien-Sucher die Idee, im Weltraum nach Radiosignalen zu fahnden, die von intelligenten Lebewesen stammen könnten. Der erste, der ein solches Lausch-Experiment begann, ist der amerikanische Astronom Frank Drake, der auch die berühmte Drake-Formel erfand. Er ist seit seiner Kindheit auf der Suche nach außerirdischen Lebewesen und will unbedingt ein Signal von einem fremden Planeten aufschnappen. Leider ist es gar nicht so einfach, ein solches Signal aus der Menge der anderen Signale herauszufiltern. Schließlich wissen wir weder, was die Außerirdischen senden, noch wo sie senden und welche Frequenz sie verwenden.

Die verschiedenen Horch-Projekte werden heute unter einem Namen zusammengefasst: »Seti«. Das bedeutet »Search for Extraterrestrial Intelligence« oder übersetzt: »Suche nach außerirdischem intelligenten Leben«. Seti-Projekte laufen an mehreren Hochschulen auf der Erde, unter anderem an dem privat finanzierten Seti-Institut in Mountain View in den USA. Die Seti-Forscher mieten, wie alle Astronomen es tun, Beobachtungszeit auf großen Radioteleskopen. In dieser Zeit horchen sie, ob irgendwo ein Signal zu hören ist. Das Problem bei den Lausch-

CHUCK BERRY AUF DER VOYAGER

Auf zwei goldenen Schallplatten wollen die Konstrukteure der Voyager-Sonden fremde Wesen über die Erde und ihre Bewohner informieren. Die Schallplatten enthalten Bild- und Tondaten sowie eine einfache Erklärung, wie man an diese Daten herankommen kann. Jede der beiden Platten enthält Grüße in 55 Sprachen, Musikstücke von Mozart, Bach und Chuck Berry und sogenannte »Sounds of Earth«: typische Erdgeräusche wie Wind, Donner und Tierlaute. Die Platten, die an Bord der beiden Sonden unser Sonnensystem verlassen haben, haben eine Lebensdauer von 500 Millionen Jahren.

Operationen ist, dass eine intelligente Zivilisation in einer fernen Galaxie enorm viel Energie verbrauchen müsste, damit ihr Signal bis zur Erde kommt. Um in einem Umkreis von 100 Millionen Lichtjahren zu senden, benötigt man 1 000 000 000 000-mal so viel Energie wie derzeit insgesamt auf der Erde erzeugt wird. Auch wissen die Seti-Forscher nicht, welche Sprache die Aliens verwenden. Es kann sein, dass sie ein Signal gar nicht erkennen, weil es in »2ghxxhht$56« verfasst wurde.

Die Wissenschaftler müssen deshalb genau überlegen, wie ein Signal sich von natürlichen Signalen unterscheiden könnte. In der Vielzahl der Signale suchen sie nach bestimmten ungewöhnlichen und seltenen Mustern. Ein solches Muster könnte ein Indiz dafür sein, dass es von intelligenten Lebewesen verfasst wurde. An der Suche nach intelligentem Leben kann man sich sogar beteiligen, auch wenn man gar kein Wissenschaftler ist. Man muss nur von der Homepage www.setiathome.de ein Programm herunterladen. Das Programm läuft auf dem PC im Hintergrund oder als Bildschirmschoner und sucht in den Signalen von Radioteleskopen nach versteckten Botschaften. Über fünf Millionen Computerbesitzer haben das Programm schon installiert, ihre Rechner bilden einen gemeinsamen Supercomputer, der stärker ist als viele der stärksten Rechner der Welt.

Leider hat auch der vereinigte Superrechner noch keine Nachricht auffangen können, die mit Sicherheit von Außerirdischen stammt. Nur ein einziges Mal, im Jahr 1977, wurde ein Signal mit einem so ungewöhnlichen Muster empfangen, dass einige Alien-Forscher es bis heute für eine Botschaft halten. Es wird als »Wow«-Signal bezeichnet und unterschied sich außerordentlich stark von den Signalen, die normalerweise durch den Weltraum rauschen. Der Astrophysiker Jerry Ehman fing das Signal, das nur 72 Sekunden dauerte, am 15. August 1977 auf. In seiner Beschreibung tauchte es unter dem Code »6EQUJ5« auf. Ehman war so begeistert von seinem Signal, dass er »Wow« an den Rand schrieb, das Wort, unter dem das Signal in den folgenden Jahren in der ganzen Welt berühmt wurde. Leider tauchte »6EQUJ5« seither nie wieder auf und wurde auch von keinem anderen Teleskop gemessen. Die meisten Forscher sind deshalb überzeugt, dass es für »Wow« eine natürliche Erklärung gibt.

Trotzdem werden die Seti-Forscher weiter nach Signalen suchen und ihre Teleskope auf ferne Galaxien richten. Der Grund für ihre Suche ist die Neugier, eine der wichtigsten Fähigkeiten des Menschen. Der Neugier verdanken wir es, dass wir im Laufe von Millionen Jahren immer intelligenter geworden sind. Es ist gut möglich, dass irgendwo im Weltraum Lebewesen wohnen, die genauso neugierig sind wie wir. Vielleicht suchen sie, genau wie wir, tagtäglich auf ihrem Planeten den Himmel ab, um irgendwo in der Ferne auf andere intelligente Lebewesen zu stoßen.

Ob unsere fernen Brüder und Schwestern mehr über den Weltraum wissen als wir? Ist ihnen schon gelungen, woran unsere Mathematiker und Physiker noch arbeiten, die Relativitätstheorie mit der Quantenmechanik zu vereinigen und die Weltformel zu finden? Wissen sie, wie das Universum aus dem Nichts entstehen konnte? Oder leben sie womöglich in ganz anderen Dimensionen? Sind wir für sie nur kleine Käfer auf einem Trampolin, gefangen in ein paar unbedeutenden Dimensionen? Erforschen sie, während wir uns noch mit einem lächerlich kleinen Universum abgeben, schon ein Multiversum, eine Welt aus Milliarden von Universen, die durch Schwarze Löcher und geheimnisvolle Quantentunnel verbunden sind?

Unsere irdische Technik ist gerade dabei, die Funktion unseres Gehirns zu verstehen. Wir entwickeln Methoden, mit denen sich Gehirnströme messen lassen. Noch können wir allerdings keine Gedanken lesen. Zum Glück. Andere Zivilisationen im Universum sind vielleicht schon weiter. Vielleicht richten sie eines Tages ihre supergenialen Teleskope auf ein Sonnensystem in einem Seitenarm der Milchstraßengalaxie. Und finden plötzlich unsere Erde.

Wäre es nicht schön, wenn sie merken, dass wir an sie denken? Wenn sie erfahren, dass hier ein paar echt nette Wesen leben, die ihnen in Gedanken diesen Gruß zurufen: »Macht's gut und haltet eure grünen Ohren steif!«

Schwierige Wörter

Asteroiden: Himmelskörper, die wie die → Planeten unseres Sonnensystems um die Sonne kreisen. Sie sind jedoch viel kleiner, die meisten sind kaum größer als ein Felsbrocken.

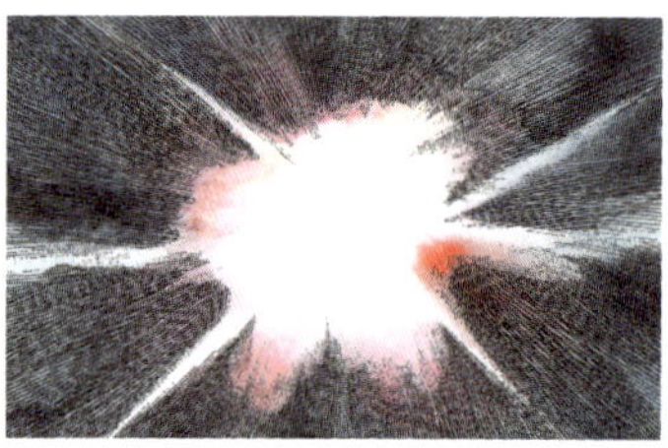

Dunkle Energie: In den letzten Jahren hat man entdeckt, dass die andauernde Ausdehnung des Universums nicht durch die Schwerkraft der gesamten Materie im Weltall abgebremst und eventuell umgekehrt werden kann. Im Gegenteil: Eine unbekannte Kraft, eine Art Gegengravitation treibt das Universum immer schneller auseinander. Die Ursache dieser Kraft ist rätselhaft. Man nennt sie »Dunkle Energie«. Gemeinsam mit der unbekannten (also nicht-baryonischen) → Dunklen Materie macht die Dunkle Energie 95 Prozent des Inhalts des Universums aus. Das bedeutet, dass wir nur einen sehr kleinen Teil unseres Universums überhaupt kennen.

Dunkle Materie: Es gab schon lange Hinweise, dass es im Weltall mehr Materie geben müsste, als die, die wir in Form von Sternen, Gas- und Staubnebeln sehen. Vermutet wurde, dass es sich um erkaltete, → tote Sterne handeln könnte (zum Beispiel Weiße Zwerge). Inzwischen weiß man jedoch aus verschiedenen Beobachtungen, dass der größte Teil dieser Dunklen Materie aus etwas besteht, dessen Natur wir überhaupt noch nicht kennen. Man nennt es »nicht-baryonische Materie«. Physiker und Astrophysiker suchen fieberhaft nach den Elementarteilchen, die diese Materie bilden.

Erdrotation: Drehung der Erde um ihre eigene Achse innerhalb von 24 Stunden. Sie ist die Ursache für den Tag- und Nachtwechsel. Der Grund für die Rotation ist, dass die Erde, die schon bei ihrer Entstehung aus dem Urnebel einen ersten Drehimpuls mitbekam, in der Frühzeit des Sonnensystems ständig von anderen Himmelskörpern getroffen wurde. Wie eine Billardkugel, die von einer anderen gestreift wird und sich daraufhin dreht, drehte sich auch die damals noch winzige Erde unter dem Beschuss aus dem All. Weil es im leeren Weltraum an Reibungswiderstand fehlt, dreht sich die Erde bis heute.

Galaxie: Riesige Ansammlung von Materie im Weltraum. Große Galaxien wie die Milchstraße enthalten etwa 200 Milliarden → Sterne und unzählige andere Himmelskörper. Galaxien können unterschiedlich geformt sein, häufig sehen sie aus wie eine Spirale.

Gravitation (Schwerkraft): Die Kraft, die zwei Körper aufgrund ihrer → Masse aufeinander ausüben.

Gravitationswellen: Einsteins Allgemeine Relativitätstheorie sagt voraus, dass beschleunigt bewegte → Massen Gravitationswellen aussenden. Sie machen sich durch eine Streckung und Stauchung des Raums bemerkbar. Allerdings ist der sehr kleine Effekt nur schwer messbar und bisher nicht nachgewiesen worden. Die Physiker hoffen, dass ihnen der Nachweis dieser Wellen in den nächsten Jahren gelingt.

Hintergrundstrahlung: Das gesamte Universum ist angefüllt mit einer Strahlung (Photonen), die als »Echo« des → Urknalls angesehen wird. Durch die

Expansion des Universums nimmt die Temperatur dieser ursprünglich sehr heißen Strahlung immer weiter ab, und zwar von vielen Milliarden Kelvin kurz nach dem Urknall auf heute etwa 3 Kelvin. Sie wird deshalb auch als 3K-Hintergrundstrahlung bezeichnet. Ihr Nachweis gilt als einer der wichtigsten Beweise für den Urknall. Ihre Entdecker Arno Penzias und Robert Wilson erhielten 1978 den Nobelpreis für Physik. Ein weiterer Nobelpreis ging 2006 an die beiden Forscher John C. Mather und George F. Smoot, die ein Weltraumteleskop für die genaue Vermessung der Hintergrundstrahlung entwickelten.

Kometen: Gebilde von etwa 10 Kilometern Durchmesser, die aus einer Mischung von Gestein und Eis bestehen. Meistens halten sie sich unauffällig in großer Entfernung von der Sonne auf, weit jenseits des Planeten Neptun. Sie umlaufen die Sonne auf lang gestreckten Bahnen, die sie von Zeit zu Zeit in die Nähe der Sonne führen. Dabei dampfen Gas- und Staubteilchen vom Kometen ab und können einen langen Kometenschweif bilden. Am bekanntesten ist der Halley'sche Komet.

Kuiper-Gürtel: Eine Ansammlung von vielen → Asteroiden außerhalb der Neptun-Bahn, die erst vor wenigen Jahren entdeckt wurde. Weil manche dieser Objekte ähnlich groß sind wie Pluto, verlor der einstige Planet im Jahr 2006 seinen Planetenstatus.

Lichtjahr: Wichtige Entfernungsangabe für Astronomen. Ein Lichtjahr gibt die Strecke an, die das Licht in einem Jahr zurücklegt: 9,5 Billionen Kilometer.

Masse: Eine Eigenschaft von Elementarteilchen (zum Beispiel von Atomkernen) und damit von allen Körpern, die aus solchen Teilchen zusammengesetzt sind. Die Masse eines Körpers macht sich in einem Schwerkraftfeld bemerkbar. Man sagt, der Körper hat ein Gewicht. Das Gewicht eines Körpers ist aber davon abhängig, wo er sich befindet, oder genauer, in welchem Schwerkraftfeld. Auf dem → Mond wiegt ein Körper nur ein Sechstel seines irdischen Gewichts. Die Masse eines Körpers macht sich auch bemerkbar, wenn er beschleunigt werden soll. Je mehr Masse, desto mehr Kraft braucht man, um einen Körper gleich zügig zu beschleunigen.

Men in Black: Die schwarzgekleideten Männer (Men in Black) tauchten 1956 zum ersten Mal als literarische Figuren auf. Der Amerikaner Gray Barker beschrieb sie in seinem Roman *They Knew Too Much About Flying Saucers* (*Sie wussten zuviel über fliegende Untertassen*) als wohlgekleidete, aber unheimliche Aliens. Seither erfreuen sich Men in Black großer Beliebtheit bei Ufo-Fans. Im Film »Men in Black« von 1997 sind die schwarzen Männer Agenten, die sich darum kümmern, dass die vielen Aliens auf der Erde keinen Unfug anrichten.

Meteoriten: Bruchstücke von Kometen und Asteroiden, die auf die Erde fallen. Die allermeisten sind so klein (weniger als einen Zentimeter), dass sie in der Erdatmosphäre verglühen. Größere Meteoriten, die bis auf den Erdboden fallen, sind selten. Manche sind jedoch so groß, dass sie Krater hinterlassen. Das Aussterben der Dinosaurier ist womöglich auf die Folgen eines kilometergroßen Meteoriten zurückzuführen.

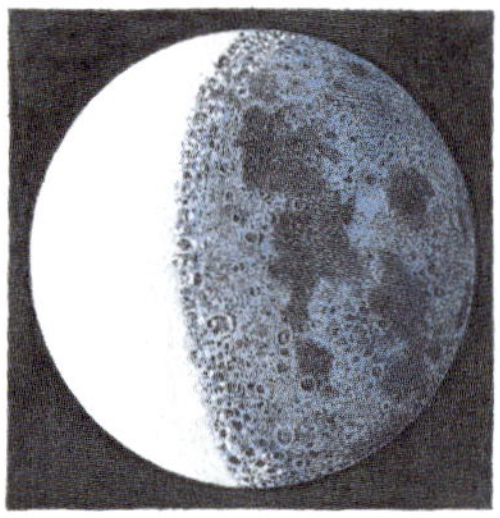

Mond: Ein Himmelskörper, der um einen → Planeten (oder → Asteroiden) kreist. Bis auf Merkur und Venus haben alle Planeten unseres Sonnensystems mindestens einen Mond. Unser Erdmond ist der einzige, den die Erde hat. Auch um einige Asteroiden hat man Monde nachgewiesen.

Photon: Das Licht hat sowohl Eigenschaften einer Welle als auch die von Teilchen. Photonen sind Teilchen, aus denen das Licht besteht. Es sind kleine Energiepakete, die mit Lichtgeschwindigkeit fliegen und keine → Masse haben.

Planet: Ein Himmelskörper, der nicht groß genug ist, um Fusionsenergie zu erzeugen und zu leuchten. Ein Planet kreist um einen Stern. Die Erde ist einer von acht Planeten, die unsere Sonne umkreisen.

Satellit: Ein Körper (natürlich oder künstlich), der einen anderen Körper aufgrund der Schwerkraft umkreist. Der → Mond ist genauso ein Satellit der Erde wie das Hubble-Weltraumteleskop. → Galaxien können andere Galaxien als Satelliten haben.

Saturn V: Größte jemals gebaute Rakete. Transportierte im Jahre 1969 die ersten Menschen zum Mond.

Schwarzes Loch: Himmelskörper, dessen Schwerkraftfeld so stark ist, dass nicht einmal Licht daraus entweichen kann. Es gibt Schwarze Löcher mit einer Masse von einigen Sonnenmassen. Ein solches Schwarzes Loch ist ein →toter Stern, der Überrest einer →Supernovaexplosion. Es gibt aber auch →supermassereiche Schwarze Löcher in den Zentren von Galaxien.

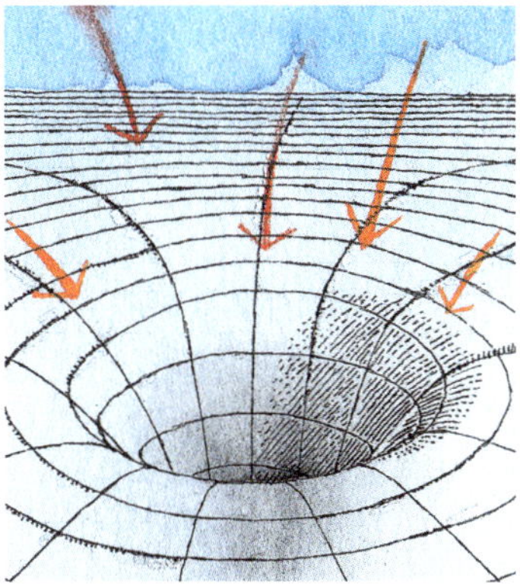

Sonnenenergie: Das Leuchten der Sonne und der →Sterne beruht auf der Erzeugung von Energie durch Kernfusion. Die Hauptenergiequelle ist die Verschmelzung (Fusion) von Wasserstoffatomen zu Helium.

Sonnensystem: Umfasst unsere Sonne sowie alle Himmelskörper, die um die Sonne kreisen. Dazu gehören die →Planeten mit ihren →Monden, die →Asteroiden und die →Kometen. Das Sonnensystem ist vor etwa 4,5 Milliarden Jahren entstanden.

Stern: Ein kugelförmiger Gasball, der durch seine Schwerkraft zusammengehalten wird und durch Erzeugung von Energie selbst leuchtet. Unsere Sonne ist ein normaler Stern.

Supernova: Ein explodierender massereicher →Stern am Ende seines Lebens. Während sein Inneres zu einem Neutronenstern oder Schwarzen Loch zusammenstürzt, wird seine äußere Hülle abgesprengt. Es gibt noch eine weitere Möglichkeit, wie eine Sternexplosion ausgelöst wird. Ein Weißer Zwerg kann Masse von einem engen Begleitstern absaugen. Überschreitet die anwachsende Masse des Weißen Zwergs eine bestimmte Grenze, dann explodiert er. Die Astronomen bezeichnen diese Supernova als »Typ Ia«. Supernovae sind von herausragender Bedeutung für die Erkenntnis, dass unser Universum immer schneller expandiert. Sie sind seltene Ereignisse. Die letzte in unserer Milchstraße wurde von Johannes Kepler 1604 beobachtet.

Supermassereiches Schwarzes Loch: In den Zentren vieler → Galaxien, auch in unserer Milchstrasse, hat man die Existenz von extrem massereichen Schwarzen Löchern nachgewiesen. Sie können viele Milliarden Sonnenmassen haben. Ihre Entstehung ist noch unklar. Möglicherweise sind sie Überreste der allerersten → Sterne, die nach dem → Urknall gebildet wurden und dann als Schwarze Löcher endeten. Seither haben sie sich ständig vergrößert, indem sie immer mehr Materie in sich hineinzogen.

Teleskop: Hilfsmittel zur Erkundung des Weltraums. Erfunden wurde das Teleskop im Jahr 1608 von dem Brillenmacher Hans Lipperhey, der in der deutschen Stadt Wesel zur Welt kam und später in die Niederlande auswanderte. Galileo Galilei hat 1609 erstmals ein Teleskop auf Himmelsobjekte gerichtet und so die vier großen Jupitermonde entdeckt. Moderne Teleskope haben durchweg Spiegel und keine Sammellinsen. Die Spiegel müssen möglichst groß sein, um genügend Licht von weit entfernten leuchtschwachen Objekten einzusammeln, und um starke Vergrößerungen zu erreichen. Die größten Teleskope haben heute 10 Meter Spiegeldurchmesser. Sie lassen Objekte in über 10 Milliarden Lichtjahren Entfernung erkennen. Super-Teleskope mit 50 Metern Spiegeldurchmesser sind geplant. Von größter Bedeutung sind Teleskope, die Strahlung empfangen, die wir nicht sehen können, zum Beispiel Radio- und Röntgenteleskope. Diese Strahlung kann oft nur vom Weltraum aus beobachtet werden, da die Erdatmosphäre sie nicht durchlässt. Deshalb sind Weltraumteleskope wie das Hubble-Teleskop so wichtig für die Astronomen.

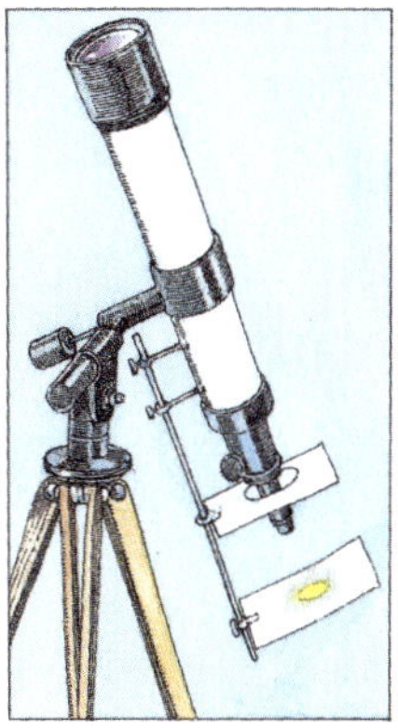

Tote Sterne: Weiße Zwerge, Neutronensterne und Schwarze Löcher sind die Endstadien von → Sternen unterschiedlicher → Masse. Sterne wie unsere Sonne enden als Weiße Zwerge und sind dann etwa so groß wie unsere Erde. Massereichere Sterne (bis etwa 20 Sonnenmassen) enden als Neutronen-

sterne, die einen Durchmesser von nur etwa 20 Kilometern haben. Noch massereichere Sterne werden zu → Schwarzen Löchern. Ein Schwarzes Loch hat ein so starkes Schwerkraftfeld, dass nicht einmal Licht in der Lage ist, es zu verlassen.

Urknall: Das Ereignis, bei dem unser gesamtes Weltall entstanden ist. Nach heutigem Verständnis der Astrophysiker entstand das Weltall aus dem Nichts und dehnt sich seitdem unaufhörlich aus. Der Urknall fand vor etwa 14 Milliarden Jahren statt. Erst mit dem Urknall entstanden Zeit und Raum, so dass die Frage nach dem »davor« unsinnig erscheint. Trotzdem machen sich viele Astrophysiker Gedanken darüber, ob der Urknall nicht doch nur ein Ereignis war, bei dem ein »vorheriges« Universum zusammenbrach.

Wimps: Abkürzung für »weakly interacting massive particles«, also auf Deutsch »schwach wechselwirkende massereiche Teilchen«. Es handelt sich um bloß angenommene, bisher nicht nachgewiesene Elementarteilchen, die als Kandidaten für die nichtbaryonische → Dunkle Materie angesehen werden. Die Physiker hoffen, die Wimps bald durch neue größere Beschleuniger nachweisen zu können.

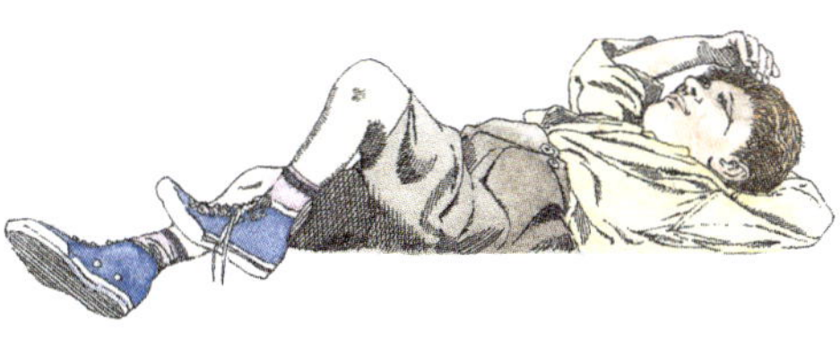

Die Kinder-Uni entstand aus einer gemeinsamen Initiative des Schwäbischen Tagblatts und der Eberhard Karls Universität Tübingen.

Nur Ulrich Janßen ist SPIEGEL Bestseller Autor, Klaus Werner ist es (noch) nicht.

Genehmigte Lizenzausgabe für Impian GmbH, Leverkusen, 2023

Umschlaggestaltung: Nele Schütz Design
unter Verwendung von Illustrationen von Klaus Ensikat
Gestaltung und Satz: Verlagsservice Rau, München
Lithografie: Helio Repro GmbH, München
Druck und Bindung: UAB BALTO print
Printed in Lithuania

ISBN 978-3-96269-159-2

www.impian.de